“新财经”课程思政系列丛书

微观经济学课程思政案例集

主编 袁 正

西南财经大学出版社
Southwestern University of Finance & Economics Press
中国·成都

图书在版编目(CIP)数据

微观经济学课程思政案例集 / 袁正主编 .—成都:西南财经大学出版社,2022.2
ISBN 978-7-5504-4837-7

Ⅰ.①微… Ⅱ.①袁… Ⅲ.①思想政治教育—教案(教育)—高等学校 Ⅳ.①G641

中国版本图书馆 CIP 数据核字(2021)第 062500 号

微观经济学课程思政案例集

主编 袁正

责任编辑:李晓嵩
责任校对:王甜甜
封面设计:何东琳设计工作室
责任印制:朱曼丽

出版发行	西南财经大学出版社(四川省成都市光华村街 55 号)
网　　址	http://cbs. swufe. edu. cn
电子邮件	bookcj@ swufe. edu. cn
邮政编码	610074
电　　话	028-87353785
照　　排	四川胜翔数码印务设计有限公司
印　　刷	郫县犀浦印刷厂
成品尺寸	185mm×260mm
印　　张	11. 25
字　　数	196 千字
版　　次	2022 年 2 月第 1 版
印　　次	2022 年 2 月第 1 次印刷
印　　数	1— 2000 册
书　　号	ISBN 978-7-5504-4837-7
定　　价	39. 80 元

出版说明

为深入贯彻落实习近平总书记关于教育的重要论述和全国教育大会精神，贯彻落实中共中央办公厅、国务院办公厅《关于深化新时代学校思想政治理论课改革创新的若干意见》，把思想政治教育贯穿人才培养体系，全面推进高校课程思政建设，发挥好每门课程的育人作用，提高高校人才培养质量，教育部印发了《高等学校课程思政建设指导纲要》（以下简称《纲要》）。《纲要》指出，全面推进课程思政建设是落实立德树人根本任务的战略举措。培养什么人、怎样培养人、为谁培养人是教育的根本问题，立德树人成效是检验高校一切工作的根本标准。课程思政建设是全面提高人才培养质量的重要任务。

为全面贯彻新时代党的教育方针，落实立德树人根本任务，国家教材委员会印发了《习近平新时代中国特色社会主义思想进课程教材指南》，明确要求把习近平新时代中国特色社会主义思想有机融入课程教材。《"党的领导"相关内容进大中小学课程教材指南》首次就"党的领导"相关内容融入课程教材作出整体设计，对于深入推进习近平新时代中国特色社会主义思想进教材、进课堂、进头脑具有重大意义。

根据相关文件精神，西南财经大学于2021年成立课程思政研究中心。为切实落实本科专业类教学质量国家标准和一流专业建设的基本要求，充分发挥教材在课程思政建设中的关键作用，打造课程思政精品教材体系，西南财经大学课程思政研究中心组织金融学院、保险学院、经济学院、工商管理学院、会计学院、财政税务学院、统计学院、经济信息工程学院、法学院、国际商学院、公共管理学院、经济数学学院、经济与管理研究院等出版了课程思政系列丛书（以下简称"丛书"）。

丛书以习近平新时代中国特色社会主义思想为指导，紧紧围绕教学导向“准”、育人格局“全”、思政元素“齐”、覆盖范围“广”、教学团队“强”的目标，围绕国家、区域以及学校课程思政建设的发展要求，深入挖掘各类课程和教学方式中蕴含的思想政治教育资源，致力于加快构建中国特色哲学社会科学学科体系、学术体系、话语体系，帮助学生了解经管类学科专业知识和行业领域的国家战略、法律法规和相关政策，引导学生深入社会实践、关注现实问题，培育学生经世济民、诚信服务、德法兼修的职业素养。丛书以案例集、教学指南等形式，教育引导学生把国家、社会、公民的价值要求融为一体，提高个人的爱国、敬业、诚信、友善修养，自觉把小我融入大我，不断追求国家的富强、民主、文明、和谐，倡导社会的自由、平等、公正、法治，将社会主义核心价值观内化为精神追求，外化为自觉行动；教育引导学生深刻理解中华优秀传统文化中讲仁爱、重民本、守诚信、崇正义、尚和合、求大同的思想精华和时代价值；教育引导学生传承中华文脉，富有中国心、饱含中国情、充满中国味；教育引导学生深刻理解并自觉践行各行业的职业精神和职业规范，增强职业责任感，培养遵纪守法、爱岗敬业、无私奉献、诚实守信、公道办事、开拓创新的职业品格和行为习惯，着力培养具有社会责任感、创新精神和国际视野的财经领域卓越人才。

丛书涵盖西南财经大学国家级重点学科和一流本科专业，作者包括西南财经大学国家级教学团队成员和其他资深教师。丛书经过作者反复斟酌研讨、倾力编撰而成，将思想政治教育寓于教学之中，让学生在学习专业知识的同时，增强“四个意识”，坚定“四个自信”，自觉做到“两个维护”，深入推进习近平新时代中国特色社会主义思想进教材、进课堂、进头脑。

西南财经大学课程思政研究中心

前言

2021年是中国共产党成立100周年，经过全党全国各族人民持续奋斗，我们实现了第一个百年奋斗目标，在中华大地上全面建成了小康社会，历史性地解决了绝对贫困问题，正在意气风发地向着全面建成社会主义现代化强国的第二个百年奋斗目标迈进。以史为鉴、开创未来，必须继续推进马克思主义中国化。中国共产党为什么能，中国特色社会主义为什么好，归根到底是因为马克思主义行！

高校必须贯彻全国教育大会、全国高校思想政治工作会议精神，落实立德树人根本任务，培养德智体美劳全面发展的社会主义建设者和接班人。微观经济学是西方经济学的核心课程之一，也是现代经济学的基础课程之一，课程的主要思想来自西方。我们积极学习、借鉴人类文明的一切有益成果，不忘本来，吸收外来，面向未来。我们需要把微观经济学和党史学习教育以及思想政治工作紧密结合在一起，构建新时代中国特色社会主义话语体系。

《微观经济学课程思政案例集》以专业性为第一要务，通过理论联系实际，讲好中国故事、中国文化和中国案例。一方面，本书通过丰富的中国案例验证微观经济学理论，这可以开阔学生的视野，促进学以致用，增进微观经济学课程学习的生动性和丰富性；另一方面，本书把党史、中国文化、中国故事融入微观经济学课程，可以提高教师、学生的思想政治素质，构建新时代中国特色社会主义话语体系，增强中国特色社会主义道路自信、理论自信、制度自信、文化自信。

《微观经济学课程思政案例集》编写了100余个中国案例或故事，每个案例都关联着某个微观经济学知识点，并且大部分案例是我们身边近年来发生的真实故事，也有部分案例来自党史、寓言故事等。通过这些案例，学生可以更深入地理解微观经济学的内涵，同时对思想政治、人类发展、公平正义持有更加积极的态度。

出版《微观经济学课程思政案例集》的目的仅是为了服务教学，很多案例来源于一些媒体或著作。首先，我们要对这些资源的原作者表示感谢；其次，我们若标注不全、不规范或侵犯了某方的知识产权，请与我们联系，我们会及时处理。

《微观经济学课程思政案例集》得到了西南财经大学教务处、经济学院的大力支持，在此表示衷心感谢！西南财经大学出版社对本书的出版付出了巨大的努力，衷心感谢全体编辑同仁！

袁正

2021年8月于成都

目录 CONTENTS

第一章　经济学思维

对待西方经济学的态度

西方经济学主要包括微观经济学和宏观经济学。我们对待西方经济学的态度应该是“不忘本来，吸收外来，面向未来”，以习近平新时代中国特色社会主义思想为指导，落实立德树人根本任务。我们要学懂用好西方经济学的有益成分，在中国特色社会主义市场经济实践中发挥理论借鉴作用。我们要辨别西方经济学的有些理论是为资产阶级服务的，有些理论是具有普遍规律性的，我们要取其精华、去其糟粕。

把握新发展阶段，贯彻新发展理念，构建新发展格局

2021 年 5 月，习近平总书记在《把握新发展阶段，贯彻新发展理念，构建新发展格局》的文章中强调：“进入新发展阶段、贯彻新发展理念、构建新发展格局，是由我国经济社会发展的理论逻辑、历史逻辑、现实逻辑决定的。”进入新发展阶段明确了我国发展的历史方位，贯彻新发展理念明确了我国现代化建设的指导原则，构建新发展格局明确了我国经济现代化的路径选择。我们要准确把握新发展阶段，深入贯彻新发展理念，加快构建新发展格局，推动“十四五”时期高质量发展，确保全面建设社会主义现代化国家开好局、起好步。

第一节　市场机制

（一）社会主义市场经济体制

1992年10月12日至18日，中国共产党第十四次全国代表大会确立了社会主义市场经济体制的改革目标。我国经济体制改革确定什么样的目标模式，是关系社会主义现代化建设全局的一个重大问题。这个问题的核心是正确认识和处理计划与市场的关系。党的十四大在党的历史上第一次明确提出了建立社会主义市场经济体制的目标模式。把社会主义基本制度和市场经济结合起来，建立社会主义市场经济体制，是我们党的一个伟大创举。

1993年11月14日，党的十四届三中全会通过了《中共中央关于建立社会主义市场经济体制若干问题的决定》（以下简称《决定》），提出转换国有企业经营机制，建立现代企业制度；培育和发展市场体系；转变政府职能，建立健全宏观经济调控体系；建立合理的个人收入分配和社会保障制度；深化农村经济体制改革；深化对外经济体制改革，进一步扩大对外开放；进一步改革科技体制和教育体制；加强法律制度建设；加强和改善党的领导，为20世纪末初步建立社会主义市场经济体制而奋斗。社会主义市场经济体制是同社会主义基本制度结合在一起的。建立社会主义市场经济体制，就是要使市场在国家宏观调控下对资源配置起基础性作用。为实现这个目标，我国必须坚持以公有制为主体，多种经济成分共同发展的方针，进一步转换国有企业经营机制，建立适应市场经济要求，产权清晰、权责明确、政企分开、管理科学的现代企业制度；建立全国统一开放的市场体系，实现城乡市场紧密结合，国内市场与国际市场相互衔接，促进资源的优化配置；转变政府管理经济的职能，建立以间接手段为主的完善的宏观调控体系，保证国民经济的健康运行；建立以按劳分配为主体，效率优先、兼顾公平的收入分配制度，鼓励一部分地区一部分人先富起来，走共同富裕的道路；建立多层次的社会保障制度，为城乡居民提供同我国国情相适应的社会保障，促进经济发展和社会稳定。这些主要环节是相互联系和相互制约的有机整体，构成社会主义市场经济体制的基本框架。《决定》指出，培育市场体系的重点是发展金融市场、劳动力市场、房地产市场、技术市场和信息市场等。《决定》制定了社会主义市场经济的总体规划，是我国在20世纪90年代进行经济体制改革的行动纲领。

2002年10月，党的十六大宣告，我国社会主义市场经济体制初步建立。2003年召开的党的十六届三中全会通过了《中共中央关于完善社会主义市场经济体制若干问题的决定》，提出进一步巩固和发展公有制经济，鼓励、支持和引导非公有制经济发展；完善国有资产管理体制，深化国有企业改革；深化农村改革，完善农村经济体制；完善市场体制，规范市场秩序；继续改善宏观调控，加快转变政府职能；完善财税体制，深化金融改革；深化涉外经济体制改革，全面提高对外开放水平；推进就业和分配体制改革，完善社会保障体系；深化科技教育文化卫生体制改革，提高国家创新能力和国民整体素质；深化行政管理体制改革，完善经济法律制度；加强和改善党的领导，为完善社会主义市场经济体制而奋斗。

（二）转型经济

20世纪80年代末90年代初，苏联、中东欧以及中国等计划经济体制国家向市场经济体制转型，即经济体制转型。

苏联解体和俄罗斯独立标志着俄罗斯经济转轨的正式开始。俄罗斯经济转轨的目标就是建立市场经济体制、构建市场规则、形成市场经济秩序。俄罗斯政府选择了英美的自由市场经济模式，采取“休克疗法”。“休克疗法”是美国经济学家杰弗里·萨克斯等人提出的一整套经济纲领和经济政策，主要内容是经济自由化、经济私有化、经济稳定化，实行紧缩的金融和财政政策。这套改革具有较强的冲击力，短期内使社会经济生活产生巨大震荡，甚至出现“休克”状态。“休克疗法”在俄罗斯是失败的，时任总统叶利钦在1994年2月宣布放弃“休克疗法”改革，在1996年大选时承认“过去在改革中试图抄袭西方经济的做法是错误的”。

中东欧国家的经济体制在20世纪90年代发生了实质性变化，私人产权和市场协调获得政治保障，私人产权居主导地位，市场协调成为主导的协调机制。一个国家经济转轨是否完成关键要看该国是否建立了市场经济体制。2004年5月，8个中东欧国家加入欧盟，可视为欧盟对新成员国转轨成效的承认。

1993 年 11 月 11 日至 14 日，中国共产党十四届三中全会在北京举行，通过了《中共中央关于建立社会主义市场经济体制若干问题的决定》。会议提出建立社会主义市场经济体制，就是要使市场在国家宏观调控下对资源配置起基础性作用。我国要进一步转换国有企业经营机制，建立适应市场经济要求，产权清晰、权责明确、政企分开、管理科学的现代企业制度。2013 年 11 月 12 日，党的十八届三中全会提出“使市场在资源配置中起决定性作用，更好发挥政府作用”。我国首次确定市场机制配置资源的决定性地位。

根据孔田平（2019）[①] 的归纳，经济转轨是从中央计划经济到市场经济转变（见表 1-1）。

表 1-1　经济转轨

中央计划经济	市场经济	转轨方式
国有经济居主导地位	私有经济居主导地位	私有化，发展私营部门
集中化的行政决策	分散化的企业决策	解散中央计划机构，给予企业经济自由
行政机构配置资源	市场配置资源	解除行政管制，价格自由化，开放国际贸易
支持计划经济的制度基础设施	支持市场经济的制度基础设施	破旧立新

新时代加快完善社会主义市场经济体制

2020 年 5 月 11 日，《中共中央 国务院关于新时代加快完善社会主义市场经济体制的意见》指出，“坚持公有制为主体、多种所有制经济共同发展，增强微观主体活力”“毫不动摇巩固和发展公有制经济，毫不动摇鼓励、支持、引导非公有制经济发展，探索公有制多种实现形式，支持民营企业改革发展，培育更多充满活力的市场主体”“推进国有经济布局优化和结构调整”“积极稳妥推进国有企业混合所有制改革”“稳步推进自然垄断行业改革”“营造支持非公有制经济高质量发展的制度环境”“夯实市场经济基础性制度，保障市场公平竞争”“全面完善产权制度，全面实施市场准入负面清

① 孔田平. 中东欧经济转轨 30 年：制度变迁与转轨实绩［J］. 欧亚经济，2019（3）：1-27.

单制度，全面落实公平竞争审查制度”“构建更加完善的要素市场化配置体制机制，进一步激发全社会创造力和市场活力”“建立健全统一开放的要素市场”“推进要素价格市场化改革”“创新要素市场化配置方式”“推进商品和服务市场提质增效”。

关于市场和政府

党的十九大报告明确指出：“使市场在资源配置中起决定性作用，更好发挥政府作用”。微观经济学旨在证明市场机制是有效率的，但市场有时候会失灵，如外部性、垄断、公共物品、公共资源等，需要政府干预来纠正市场失灵。政府还需要纠正市场机制产生的不平等以及实施宏观调控来实现经济平衡增长。

效率优先，兼顾公平

党的十九大报告明确指出：“必须坚持质量第一、效益优先，以供给侧结构性改革为主线，推动经济发展质量变革、效率变革、动力变革，提高全要素生产率。发挥市场机制配置资源的能力，可以提升经济效率。”发挥政府调节经济的能力，可以促进社会公平。没有效率，公平是句空话；没有公平，效率也会大打折扣。

第二节 显著优势

党的十九届四中全会强调了我国国家制度和国家治理体系具有多方面的显著优势。这些显著优势具体包括：

坚持党的集中统一领导，坚持党的科学理论，保持政治稳定，确保国家始终沿着社会主义方向前进的显著优势。

坚持人民当家作主，发展人民民主，密切联系群众，紧紧依靠人民推动国家发展的显著优势。

坚持全面依法治国，建设社会主义法治国家，切实保障社会公平正义和人民权利的显著优势。

坚持全国一盘棋，调动各方面积极性，集中力量办大事的显著优势。

坚持各民族一律平等，铸牢中华民族共同体意识，实现共同团结奋斗、共同繁荣发展的显著优势。

坚持公有制为主体、多种所有制经济共同发展和按劳分配为主体、多种分配方式并存，把社会主义制度和市场经济有机结合起来，不断解放和发展社会生产力的显著优势。

坚持共同的理想信念、价值理念、道德观念，弘扬中华优秀传统文化、革命文化、社会主义先进文化，促进全体人民在思想上精神上紧紧团结在一起的显著优势。

坚持以人民为中心的发展思想，不断保障和改善民生、增进人民福祉，走共同富裕道路的显著优势。

坚持改革创新、与时俱进，善于自我完善、自我发展，使社会充满生机活力的显著优势。

坚持德才兼备、选贤任能，聚天下英才而用之，培养造就更多更优秀人才的显著优势。

坚持党指挥枪，确保人民军队绝对忠诚于党和人民，有力保障国家主权、安全、发展利益的显著优势。

坚持“一国两制”，保持香港、澳门长期繁荣稳定，促进祖国和平统一的显著优势。

坚持独立自主和对外开放相统一，积极参与全球治理，为构建人类命运共同体不断作出贡献的显著优势。

全会强调，这些显著优势，是我们坚定中国特色社会主义道路自信、理论自信、制度自信、文化自信的基本依据。

我国国家制度和国家治理体系具有的这些显著优势在经济意义上可以理解为形成政治稳定、团结和谐的大局，稳定预期，减少不确定性，增强经济发展自信，减少交易费用以及通过改革创新不断解放生产力。增强资源配置的有效性，既强调市场机制，也强调集中力量办大事，还强调对外开放，充分调动国际国内两个市场、两种资源。

第三节 稀缺性

（一）党的十一届三中全会

中国共产党第十一届中央委员会第三次全体会议于 1978 年 12 月 18 日至 22 日在北京举行。全会决定，鉴于中央在二中全会以来的工作进展顺利，全党工作的重点应该转移到社会主义现代化建设上来，把全党工作的重点和全国人民的注意力转移到社会主义现代化建设上来。这对于实现农业、工业、国防和科学技术的现代化，巩固我国的无产阶级专政，具有重大的意义。我们党所提出的新时期的总任务，反映了历史的要求和人民的愿望，代表了人民的根本利益。我们能否实现新时期的总任务，能否加快社会主义现代化建设，并在生产迅速发展的基础上显著地改善人民生活，加强国防，这是全国人民最为关心的大事，对于世界的和平和进步事业也有十分重大的意义。实现四个现代化，要求大幅度地提高生产力，也就必然要求多方面地改变同生产力发展不适应的生产关系和上层建筑，改变一切不适应的管理方式、活动方式和思想方式，因而是一场广泛、深刻的革命。

全会要求全党、全军和全国各族人民同心同德，进一步发展安定团结的政治局面，并且立即动员起来，鼓足干劲，群策群力，为在 20 世纪内把我国建设成为社会主义的现代化强国而进行新的长征。

会议指出，我国经济管理体制的一个严重缺点是权力过于集中，应该有领导地大胆下放，让地方和工农业企业在国家统一计划的指导下有更多的经营管理自主权；应该着手大力精简各级经济行政机构，把它们的大部分职权转交给企业性的专业公司或联合公司；应该坚决实行按经济规律办事，重视价值规律的作用，注意把思想政治工作和经济手段结合起来，充分调动干部和劳动者的生产积极性；应该在党的一元化领导之下，认真解决党政企不分、以党代政、以政代企的现象，实行分级分工分人负责，加强管理机构和管理人员的权限和责任，减少会议公文，提高工作效率，认真实行考核、奖惩、升降等制度。采取这些措施，才能充分发挥中央部门、地方、企业和劳动者个人四个方面的主动性、积极性、创造性，使社会主义经济的各个部门各个环节普遍地蓬蓬勃勃地发展起来。

党的十一届三中全会把“以阶级斗争为纲”转移到社会主义现代化建设上来，具有十分重大的历史意义。资源是稀缺的，贫穷不是社会主义，共产党人的初心和使命是为中国人民谋幸福，为中华民族谋复兴。把全党工作的重心和全国人民的注意力转移到社会主义现代化建设上来，在经济学意义上，就是将稀缺的资源更多地用于经济建设，为人民创造美好的生活，实现共同富裕。

（二）劳动力正变得稀缺

20 世纪 80 年代，随着改革开放的推进和乡镇企业的兴起，以深圳、东莞等地为代表的东南沿海地区成为全国各地劳务输出的目的地。南下打工是“60 后”“70 后”“80 后”农民兄弟的普遍记忆，他们务工历程伴随着我国改革开放的进程和经济的腾飞。

二三十年前，我国的铁路系统没现在这么发达，“绿皮车”是第一代打工者永远的记忆。那时候铁路运力有限，春运期间，加开很多车次，也加挂车厢，但仍买不到票。当时更没有网络售票系统。春运时人山人海，只要能挤上火车就是胜利。20 世纪 80 年代末 90 年代初，火车站的管理没有现在这么严格，有票的、没票的，坐车的、送站的都能上站台，火车一到，成千上万的旅客往车门口挤，身手敏捷的人从车窗爬进去。年纪大的、带小孩的旅客往往难以挤上火车。没有挤上火车的人或怕挤火车的人只有去汽车站坐长途大巴，那里同样人山人海，但至少是一人一座，可车费普遍是火车票的几倍。

“绿皮车”的车厢里，只要有个站的地方，乘车者就心满意足。过道自然站满了人，车厢连接处也站满了人，甚至洗漱台、厕所里都挤满了人。

岁月如歌，转眼已是 2020 年，劳务输出和用工需求在过完年后又是各地政府、家庭和企业的重头戏。近年来，节后招工难、用工荒问题凸显，各地上演“抢人”大战，东南沿海城市和各地省会城市纷纷给民工加工资，给返岗员工发大红包，给劳务派遣单位返人头费等。

“抢人”大战中，各地自然也在交通方式上大显神通。受新冠肺炎疫情所困，南京派出返岗包机，“南京经济技术开发区欢迎您回家”“欢迎抵宁”……禄口机场接机口挂出欢迎横幅，接机人员为每名抵宁员工赠送口罩、消毒液等防护礼包。务工人员说："这种感觉就像明星一样！"①

北京、浙江、广东、江苏、福建等地纷纷开通复工专列，接全国劳务输出重点地区的务工人员返岗，特别助力湖北及武汉等人员滞留地区的务工人员返岗。中广核集团开通全国首趟复工复产企业专列，接350名员工及家属由湖北抵达广东返岗。

从经济学角度看来，随着我国逐渐步入老年化社会，年轻劳动力正变得越来越稀缺。中国制造仍需要大量的劳动力以满足来自全球的订单生产所需。劳动力变稀缺的同时，生产技术不断取得进步，劳动者的边际产量大幅度提升，实际收入水平也大大提高。这就是现在中国人富起来了的原因。经过改革开放40余年的变迁，这是最好的时代，这是劳动者的时代。

共享经济下，资源稀缺性得到缓解

在互联网等信息技术提供技术解决方案的情况下，共享经济可以利用社会闲置的资源，供需求者分享使用。需求者根据使用的时间来付费，使用多少，付费多少。资产的拥有者可以提高闲置资源的使用效率，可以收回一定的资产回报。需求方在不需要拥有所有权的条件下，也可以享受使用权。共享机制缓解了资源的稀缺性。接入比拥有更重要，人们不可能拥有一切，但只要拥有接入的能力，就可以享受使用一切的机会，且支付的成本很低。

创新驱动战略

我国提出创新驱动战略，加快建设创新型国家。过去40余年，我国的劳动密集型产业获得竞争优势，因为劳动力资源丰富，劳动力成本较低。现在，随着人口增速减缓，劳动力变得越来越稀缺。部分企业出现用工难、用工贵等问题，劳动力价格也节节抬升，劳动密集型生产慢慢失去竞争优势。一些企业通过技术创新引入更多资本，通过机器取代工人，产业向资本密集型和技术密集型转变。例如，传统的银行业务正在被信息技术取代，传统银行的劳动力也正在被机器所取代。金融科技驱使传统财经走向新财经。

---

① 李凯，董翔. 南京首趟"返岗包机"落地［N］. 新华日报，2020-02-23（03）.

党和政府过紧日子，为老百姓过好日子

资源是稀缺的，在经济下行时又面临疫情冲击，党和国家加大民生支出，且扩大减税降费规模。习近平总书记强调，党和政府带头过紧日子，目的是为老百姓过好日子。2020 年《政府工作报告》明确提出："各级政府必须真正过紧日子，中央政府要带头，中央本级支出安排负增长。""党和政府带头厉行节约、反对浪费、执守简朴，控成本、讲绩效、提效能，保障党政机关高效运转。"党和政府大力压减经费开支，加强资源统筹整合，努力节约能源资源，提升标准规范水平，培育节俭机关文化。

（三）百万大裁军

1985 年 6 月 4 日，中央军委主席邓小平在中央军委扩大会议上宣布把中国人民解放军的员额减少 100 万人，史称"百万大裁军"。邓小平强调，集中力量搞经济建设是我们的大局，一切都要服从这个大局。

"文化大革命"后期，中国人民解放军出现了较为严重的臃肿问题。"早打、大打、打核战争"的思想让全国上下弦绷得太紧，军队总人数达到最高值。

邓小平强调，中国政府始终高举反对霸权主义、维护世界和平的旗帜，坚定地站在和平力量的一边。根据对世界大势和周围环境的分析，我们改变了原来认为战争的危险很迫近的看法，在较长时间内不发生大规模世界战争是可能的，维护世界和平是有希望的。现在树立我们是和平力量、制约战争力量的形象十分重要。

1985 年 6 月 8 日，中共中央、国务院、中央军委发出《关于支持军队体制改革、精简整编的通知》。1985 年 7 月 10 日，中央军委副主席杨尚昆提出了精简整编的方针和原则：一是既要坚持我军建设的基本原则，继承过去好的传统，又要不断研究、探索现代条件下军队建设的新路子；二是实行精兵政策，减少数量，提高质量；三是要把重点放在改善武器装备和提高人的素质上，并实行科学的编组，使人和武器装备更好地结合起来；四是既要使我军成为保卫社会主义祖国的钢铁长城，又要使我军成为建设社会主义物质文明和精神文明的重要力量。

经过军民齐动员，上下共努力，到1987年，“百万大裁军”顺利完成。军队规模大为压缩，全军共撤并军以上机构31个，师、团单位4 000多个，总参谋部、总政治部、总后勤部机关人员减少近一半。大军区由原来的11个合并为7个。由于裁军中干部的比重大，官兵比例由原来的1∶1.45降低到1∶3.3。

精兵简政有利于改善军队的武器装备，提高部队战斗力。邓小平指出，裁军百万，实际上并没有削弱军队的战斗力，而是增强了军队的战斗力。裁军百万是中国政府和中国人民有力量、有信心的表现。

微观经济学认为，资源是稀缺的，人类面临各种选择，应把稀缺的资源用于各种用途，以满足人类的需要。微观经济学用生产可能性曲线来表达这种选择。生产可能性曲线表示一个经济体在可得到的生产要素与既定的生产技术的条件下所能生产的产量的各种组合的图形。

关于大炮和黄油的选择是生产可能性曲线的常用例子。由于资源的稀缺性，经济体可以选择生产可能性曲线上任意一点。生产可能性曲线向右下方倾斜，且凹向原点。选择更多的大炮，必须减少黄油的数量，要想得到更多的黄油，需要减少大炮的数量。

我们可以将大炮理解为军事，将黄油理解为民生，裁减军队就是减少大炮，可以增加黄油的数量，这对于经济建设、发展民生起到促进作用。兵贵精不贵多，裁军百万对节省军费、支援国家经济建设、减轻人民负担意义重大。

一个社会要进步，必须把资源更多地用于生产性用途。裁军或减少常备军的数量是国际社会的普遍趋势，少数国家甚至没有军队，只有警察。《新时代的中国国防》白皮书透露，改革开放以来，中国致力于促进世界和平，主动裁减军队员额400余万人，现役总员额减至200万人。军队员额减少，可以更多地把资源用于经济建设和民生发展，对我国实现从站起来、富起来到强起来的伟大飞跃奠定了坚实的基础。

（四）全民大炼钢铁

1958年8月17日，中共中央在北戴河召开政治局扩大会议，通过《全党全民为生产1 070万吨钢而奋斗》的决议，从此掀起轰轰烈烈的全民大炼钢铁运动，喊出了“以钢为纲”的口号。在各级领导干部的带领下，越来越多的人力被投入大炼钢铁运动之中。1958 年年底投入大炼钢铁运动之中的人数达到 9 000 万人，直接和间接参加大炼钢铁的人力占全国总数的 1/6 左右。工厂、公社、机关、学校到处建起土高炉、小高炉。

钢铁生产的重要性不容置疑。然而，资源是稀缺的，面临生产可能性曲线的制约。这么多人力、物力投入全民大炼钢铁运动之中，会削弱了农业、轻工业和其他事业，造成国民经济比例失调，也会影响人民群众的生活。随着越来越多的资源投入炼钢，其机会成本也会越来越大。

1958 年 12 月 7 日，中共中央批准财政部关于土法炼铁的亏损处理问题给中央的报告。据估算，土法炼铁（以下简称“土铁”）的成本有的是每吨 150 元，有的高达 460 元，全国平均在 250~300 元，而生铁的全国平均调拨价格是 150 元，每吨“土铁”平均至少要亏损 100 元。1958 年，全国“土铁”产量至少有 1 000 万吨，总计要亏损 15 亿元左右。在大炼钢铁当中，很多树木也被当作燃料砍伐造成了一定的生态破坏。

第四节　套利：有茅台的地方就有“黄牛”

贵州茅台是中国著名白酒品牌，有“国酒茅台”之称。随着经济发展和消费升级，市场对茅台酒的消费需求不断走高，而茅台酒的产能有限。2019 年 3 月 28 日，茅台集团董事长、总经理李保芳出席博鳌亚洲论坛时表示，茅台酒全年的产量只有 6 000 多万瓶，也就只能满足 6 000 多万个家庭喝一次。茅台酒的供需矛盾会持续加剧，供不应求肯定是个常态①。2018 年，茅台酒的产量是 46 100 吨，官方标价为 1 499 元，而实际流通价格在 2 000 元以上。茅台酒的产量太少，满足不了市场的需求，经销商和“黄牛”导致茅台“一瓶难求”的景象。茅台集团近年也着力抵制人为囤积炒作。

李保芳表示，6 600 吨茅台新产能于 2019 年年底建成。建成后，生产能力在相当长时间内不再扩建。“环境承载能力有限，赤水河的水都不允许我做了。”茅台酒供求关系矛盾会持续加剧，供不应求是常态。“我现在卖的酒，满足不了市场的 1/3。”茅台酒暂时也没有扩产可能，因为“多生产你们喝的

---

①　王启帆．李保芳：茅台酒现在的年产量只够 6 000 多万个家庭喝一次［EB/OL］.（2019-03-28）［2021-06-30］. thepaper.cn/newsDetail_forward_3214584.

茅台酒就不是茅台酒了"①。出了茅台镇酿不了茅台酒，这是事实。茅台酒的扩产只能在茅台镇的核心区域进行，不能追求产量而忽略了茅台酒的品质。

茅台酒奇货可居，市场流通价远高于官方标价。因此，存在市场套利机会，"黄牛"从各种渠道以官方价买进茅台酒，再以流通价卖出。"黄牛""打飞的"从茅台机场往返，只为买茅台酒。利用中老年人旅行团"打飞的"到机场倒卖茅台酒，成了"黄牛"的新花招。一些经销商也囤货，导致大量的茅台酒并未真正被投向市场。

茅台借开市客（Costco）超市向消费者做精准投放，加大"黄牛"购酒的门槛。开市客超市上海闵行店开业当天，茅台酒售价 1 498 元/瓶，比 1 499 元/瓶的官方建议价还低 1 元，且实行凭卡限购举措。茅台酒受到消费者的追捧抢购，为了购买茅台酒，顾客在现场排起了长队。

通过对重点市场的精准投放，不仅让真正的消费者平价买到茅台酒，也是对当前市场上炒作、囤售茅台酒等扰乱市场秩序行为的有力回击。

不过，在开市客超市外，依然有黄牛以 1 900 元/瓶左右的价格收购茅台酒。"这两天在开市客超市外，有 4 拨人（'黄牛'）在收酒。"茅台酒销售公司渠道部相关负责人仔细观察后判断，"黄牛"收了大概不超过 300 瓶，不到总量的 10%。绝大部分消费者购买茅台酒后，都是自己消费②。

坚持房住不炒

党的十九大报告明确指出："坚持房子是用来住的、不是用来炒的定位，加快建立多主体供给、多渠道保障、租购并举的住房制度，让全体人民住有所居。"过去 20 年，一些人甚至企业通过炒房子获得巨大的财富。在房价较低的时候买入，等待房价上涨再卖出，这是套利。这些人手中持有很多房子，很多房子被空置，房子没有体现居住功能，造成社会资源的浪费。炒房导致很多房子没有落到真正的缺房者手中，造成住房配置的不公平。房价泡沫破裂的时候，一些炒房者会血本无归，甚至引发金融风险。

---

① 杨斌. 李保芳：多生产你们喝的茅台酒就不是茅台酒了［EB/OL］.（2019-03-28）［2021-06-30］. 163.com/money/artide/EBCJRQVU00259D3A.html.

② 李青. Costco 再现排队长龙：1 万多瓶茅台来了只卖 1499［EB/OL］.（2019-09-13）［2021-06-30］. 163.com/money/artide/EOUK0R1D00259DLP.html.

第五节　成本收益分析

（一）国人生育意愿降低

人口问题是党和国家极为关心的重大问题，为应对人口过快增长，1982年，计划生育被定为基本国策，提倡“晚婚、晚育，少生、优生”。后来为了应对新的人口形势，生育政策逐渐放松。2011 年 11 月，“双独二孩”政策实施；2013 年 11 月，“单独二孩”政策实施；2016 年 1 月，“全面二孩”政策实施。党的十九大报告要求：“促进生育政策和相关经济社会政策配套衔接，加强人口发展战略研究。”

过去 10 多年我国的生育意愿调查显示，理想子女数低于 2.1 的更替水平，实际生育水平比生育意愿普遍更低（顾宝昌，2011）。杨菊华（2015）认为，低于更替水平的生育意愿已成为一种“新常态”。1980 年以来，中国的理想子女数呈减少趋势，2000 年后基本稳定在 1.6~1.8（侯佳伟等，2014）。我国育龄人群的生育意愿呈逐步下降趋势，在国内学术界已成共识（王军、王广州，2013）。中国的总和生育率在 1.5~1.6，低于更替水平。中国人口学会会长、中国人民大学社会与人口学院院长翟振武教授接受《第一财经日报》记者采访时表示，从国家统计局调查的原始数据看，中国的总和生育率一直都比较低，1.1~1.25，第六次全国人口普查数据是 1.18，但这些数据是调查数据直接汇总的结果，漏报什么都没有考虑。我们判断和估计中国的总和生育率在 1.5~1.6。国务院印发的《“十三五”卫生与健康规划》提出，到 2020 年中国总和生育率要从 1.5~1.6 回升至 1.8 左右。到目前为止，生育政策的放开并没有带来预期的出生率上升。据国家统计局公布的人口数据，2012—2018 年，我国人口出生率分别为 1.210%、1.208%、1.238%、1.207%、1.295%、1.243%、1.094%。过低的人口生育率会伴随着劳动人口减少、人口老龄化等社会问题，人口红利的消失对经济增长也造成隐患。

生育意愿降低，可归因于成本收益分析。贝克尔、莱宾斯坦等人开创的新家庭经济学将生育决策纳入主流的消费者理论，将孩子视为一种耐用消费品，效用函数依赖于孩子的数量和质量带来的满足感，但家庭面临资源稀缺性带来的约束。若家庭由孩子得到的效用减少，而养育孩子的负效用提升，家庭倾向于减少生育数量（莱宾斯坦，1975）。传统社会中财富主要从子女流向父母，因而父母偏好多生育；现代社会中财富主要由父母流向子女，父母的生育意愿较低（Caldwell，1976）。随着居民收入增加，孩子作为生产者和赡养者的效用降低了，也可能减少子女生育（穆滢潭、原新，2018）。如果养育孩子的价格趋于上升，家庭倾向于减少孩子的数量。经济压力大、养育孩子的成本过高是我国不少居民不生“二孩”的主要原因（石智雷、杨云彦，2014；杨菊华，2018）。郑真真等（2009）发现抚养花费太高是被调查者不打算再要孩子的主要原因。日本妇女没有生育理想子女数量排第一位的原因也是养育子女的费用太高（周云，2011）。如果母亲的时间价格上升，女性劳动参与率提高和工资提升，女性生育的机会成本提高，这会抑制家庭的生育意愿。随着经济发展和收入水平提高，生育率趋于降低，奥肯、贝克尔通过孩子相对价格上升来解释这个问题，孩子的价格随着收入水平提高而上升，如果收入提高带来的正效应小于孩子相对价格上升带来的负效应，收入水平提高未必会带来更高的孩子数量。

据一篇中国教育在线刊登的文章，2010 年，上海家庭养育一个 0~3 岁儿童的直接费用平均为 32 719.5 元，养育一个 4~6 岁孩子的直接费用平均为 31 943 元，养育一个 7~12 岁孩子的直接费用平均为 31 226 元。客观上，9.9%的家庭将家庭可支配收入的 50%以上用于养育孩子；7.1%的家庭用于养育孩子的费用占家庭可支配收入的 40%~50%；15.3%的家庭用 30%~40%的家庭可支配收入育儿。在主观上，7.6%的家庭认为在经济上育儿压力非常大，认为压力大的比例为 20%，感觉压力非常小的只有 5.3%。分别有 5.8%和 23.6%的家庭在孩子日常生活照顾方面面临“非常大”和“大”的压力。28.1%的被调查父母表示，即使政策允许生育二胎，自己也会“放弃”生育二胎的机会，表示“一定会放弃”的比例为 17.2%。换言之，有 45.3%的家庭会因为育儿压力太大而放弃生育二胎的机会。从收入水平来看，收入水平越高，生育二胎的人的比例越高；收入越低，愿意生二胎的人的比例越低。家庭月平均收入在 5 000 元以下的家庭愿不畏育儿辛劳而愿意生育二胎的比例为 18.9%①。

① 中国教育在线. 上海网友：育儿成本年均超三万元［EB/OL］.（2011-08-10）［2021-06-30］. eol.cn/html/xueqian/yecb/index.shtml.

据《长沙晚报》报道，对于要不要生二胎，符合政策要求的刘女士一度摇摆不定。她将女儿十年的养育费用进行统计后发现，十年来女儿共花费了35.5万元左右，其中用于孩子课外素质培训的费用占到了30%左右，尤其是2013年，女儿特长培训费达到了42 720元。女儿才上小学四年级，居然花了35.5万元。刘女士立马打消了自己的想法，立足于“培优”一个。刘女士的女儿一入幼儿园就开始上课外学习班了。3岁起开始课程外的艺体学习，5岁和6岁，每个周末都要参加小主持人班、画画班、书法班和舞蹈班的学习①。

据《中国青年报》2008年报道，83.7%年轻父母认为育儿成本正飞速提高。据《中国青年报》2014年报道，学生假期出国游攀比成风，回老家过假期觉得没面子。老师让学生提交记录假期生活的自制“小报”，并进行交流。结果，梅先生儿子同组的7名同学有6名都记录了自己在国外的旅行，只有梅先生的儿子记录的是自己在东北农村老家的假期生活。梅先生的儿子觉得非常没有面子，回到家就嚷嚷着也要出国玩②。

人口适度增长有利经济发展

2016年1月，“全面二孩”政策实施。党的十九大报告指出：“促进生育政策和相关经济社会政策配套衔接，加强人口发展战略研究。”适度的人口增长会产生人口红利，如扩大内需，人口规模有利于产业分工发展。人口规模也有利于技术创新。孩子养育成本较高使家庭生育行为趋于谨慎。国家应出台促进生育、降低养育成本的政策。

（二）低成本违法

从2018年12月28日立案调查以来，康美药业巨额财务造假案终于水落石出。2019年8月16日晚，中国证监会对康美药业做出处罚：对康美药业股份有限公司责令改正，给予警告，并处以60万元的罚款；对实际控制

① 长沙晚报. 长沙妈妈晒育儿账单：十年花费35.5万元［EB/OL］.（2014-01-20）［2021-06-30］. hunan.sina.com.cn/news/m/2014-01-20/113185953.html.

② 樊未晨. 学生假期出国游攀比成风：回老家过假期没面子［EB/OL］.（2014-02-26）［2021-06-30］. edu.cnr.cn/pdtj/yw/201402/t20140226_514941695_1.shtml.

人马某田、许某瑾给予警告，分别处以 90 万元的罚款，并终身市场禁入。公司其余的管理层作为从犯，也受到力度不等的处罚。“造特别大的假，罚特别少的款?”在证监会处罚公告发布后，市场一片哗然，“处罚太轻”的声音此起彼伏。

证监会调查显示，2016 年至 2018 年上半年，康美药业分别虚增营业收入 89.99 亿元、100.32 亿元、84.84 亿元，两年半时间虚增营业利润 39.36 亿元，占同期公告营业利润的 1/3。另外，康美药业在 2018 年年报中存在虚假记载，虚增固定资产、在建工程、投资性房地产，共计 36 亿元。2016 年至 2018 年上半年，康美药业虚增货币资金分别达 225.49 亿元、299.44 亿元、361.88 亿元，合计总额为 886.81 亿元。①

证监会发布历时多月的调查结果：康美药业披露的 2016—2018 年财务报告存在重大虚假，涉嫌违反《中华人民共和国证券法》第六十三条等相关规定，如使用虚假银行单据虚增存款，通过伪造业务凭证进行收入造假，部分资金转入关联方账户买卖本公司股票。

信息披露制度是资本市场健康发展的制度基石，是维护投资者权益的重要保障。上市公司应严格遵循信息披露的各项规定，确保披露的信息真实、准确、完整。康美药业等公司的肆意妄为，毫无敬畏法治、敬畏投资者之心，丧失诚信底线，触碰法治红线，动摇了上市公司信息披露制度根基。对此，证监会措辞严厉，直指康美药业有预谋、有组织，长期、系统实施财务造假，影响极为恶劣，后果特别严重。但从处罚结果来看，有种板子高高举起，却轻轻落下的感觉。

根据《中华人民共和国证券法》的规定，发行人、上市公司或其他信息披露义务人存在信息披露违法违规行为，将责令其改正，给予警告，并处以 30 万元以上 60 万元以下的罚款；对直接负责的主管人员和其他直接责任人员给予警告，并处以 3 万元以上 30 万元以下的罚款。对此，一直有业内人士认为现行的《中华人民共和国证券法》中对上市公司信息披露违法的成本太低，法律的威慑力不够，与财务造假的收益不匹配，应增加上市公司信息披露违法行为罚款金额，加大对上市公司财务造假行为处罚力度，让造假者付出巨大代价。

---

① 巴九灵. 康美药业：造特别大的假，罚特别少的款?［EB/OL］.（2019-08-19）［2021-06-30］. m.yicai.com/news/100299644.html.

康美药业等上市公司的巨额财务造假案件，引发了整个社会对资本市场违法违规成本太低的关注。为了加大对投资者的保护力度，促进资本市场的“长治久安”，证监会提出尽快修改完善《中华人民共和国证券法》和《中华人民共和国刑法》，拟对发行人、上市公司及其控股股东、实际控制人信息披露虚假以及会计师事务所、保荐人等中介机构未勤勉尽责等证券违法行为，大幅提高刑期上限和罚款、罚金数额标准，强化民事损害赔偿责任，实施失信联合惩戒，切实提高资本市场违法违规成本。

针对现行《中华人民共和国刑法》中欺诈发行犯罪行为刑期较短的问题，目前证监会正在配合支持立法机关修改完善刑法有关欺诈发行犯罪等相关规定，并已向有关部门提出了修改完善的意见建议，包括延长欺诈发行犯罪行为的刑期、提高罚金金额等，以加大相关犯罪行为的刑事责任①。

如果违法成本太低，只会助长类似违法，因为资本市场上财务造假收益巨大，在利益诱惑下，这样的事情会不时上演。2020 年 4 月 2 日，瑞幸咖啡内部调查显示，从 2019 年第二季度到 2019 年第四季度的虚假交易相关的总销售金额约为 22 亿元。瑞幸咖啡注册地在开曼群岛，经境外监管机构注册发行证券并在美国纳斯达克股票市场上市。

2019 年 12 月 28 日，第十三届全国人大常委会第十五次会议在北京人民大会堂闭幕。一项重要议题是新修订的《中华人民共和国证券法》获得通过，全面升级了证券领域违法犯罪处罚力度。新修订的《中华人民共和国证券法》旨在更严厉地打击证券违法行为，提高违法行为成本，努力营造一个风清气正的市场环境，严厉震慑违法行为人。从行政处罚力度上看，针对欺诈发行，新修订的《中华人民共和国证券法》规定，尚未发行证券的，要处以发行人 200 万元以上 2 000 万元以下的罚款；已经发行证券的，要处以非法所募资金金额 10%以上 1 倍以下的罚款。另外，新修订的《中华人民共和国证券法》针对虚假陈述、内幕交易、操纵市场等违法行为，大幅度提高了行政处罚力度。

新修订的《中华人民共和国证券法》在行政处罚上实行“双罚制”，比如对欺诈发行，除了要对发行人进行处罚，对发行人直接负责的主管人员和其他直接责任人员也要给予处罚。发行人的控股股东、实际控制人组织指使导致欺诈发行的，也要被处以高额的行政处罚。同时，新修订的《中华人

① 侯捷宁. 证监会：尽快修改完善《证券法》《刑法》[N]. 证券日报，2019-07-27（01）.

民共和国证券法》完善了证券市场的禁入制度，扩大了禁入范围。被禁入的违法行为人除了不能从事证券业务，不得担任上市公司董事、监事、高级管理人员以外还增加了规定，明确一定期限直至终身不得在证券交易所进行证券交易。

国家修订《中华人民共和国证券法》，通过综合治理发挥优势，让违法行为人在经济上不但无利可图，而且还要受到一定的损失，在社会信用评价上也要受到一定的减损，在行为和活动上还要受到一定的限制，构筑起综合惩治的体系[①]。

为何反对形式主义？

形式主义成本多，收益少，虚名虚功成分大，实际价值小。反对形式主义、官僚主义，坚决反对享乐主义、奢靡之风，此为反对“四风”。2013年3月17日，习近平总书记在第十二届全国人民代表大会第一次会议上的讲话强调：“全体共产党员特别是党的领导干部，要坚定理想信念，始终把人民放在心中最高的位置，弘扬党的光荣传统和优良作风，坚决反对形式主义、官僚主义，坚决反对享乐主义、奢靡之风，坚决同一切消极腐败现象作斗争，永葆共产党人政治本色，矢志不移为党和人民事业而奋斗。”2013年4月28日，习近平总书记在同全国劳动模范代表座谈时的讲话强调：“各级领导干部要带头发扬劳模精神，出实策、鼓实劲、办实事，不图虚名，不务虚功，坚决反对干部群众反映强烈的形式主义、官僚主义、享乐主义和奢靡之风‘四风’，以身作则带领群众把各项工作落到实处。”2017年12月25日至26日，习近平总书记在中央政治局民主生活会上的讲话强调：“中央政治局的同志必须带头树立正确政绩观，始终做老实人、说老实话、干老实事，自觉反对形式主义、官僚主义。中央政治局的同志不仅要带头不搞形式主义、官僚主义，而且要同形式主义、官僚主义的种种表现进行坚决斗争。”

① 21世纪经济报道. 刚刚通过的新修订的证券法在处罚方面有哪些变化？[EB/OL].（2019-12-28）[2021-06-30]. sohu.com/a/363356575_779082.

第六节　从经济效率思考问题：为什么是猪牛羊而不是虎狮象

科学家认为，吃肉和利用原始石制工具，可以解释人类的进化特征，如牙齿变小、咀嚼肌力量变小、脸部变小、肠子变短……吃肉提供了更多的能量，对消化系统的要求减弱，且使人的脑部变大，进化为现在漂亮的人类和越来越聪明的人类。石制工具把肉切成小块，火的发明和烹饪技术使食物易于消化，这加速了人类的进化。为了采集或狩猎，四肢着地行走得以进化为直立行走。直立行走比四肢着地行走可以节省能量，人空余出来的两只手，便于采集，且可以使用工具（武器），或者用手语彼此联系。

在人类进化的约 200 万年里，人类一直都很弱小，打不过其他大型动物，很少猎杀大型动物为食，主要靠采集植物、昆虫，追杀小型动物为食，也跟在强大的肉食动物后面吃它们剩下的腐肉。早期的人类使用石器工具，主要是为了把骨头敲碎，吃里面的骨髓。那时候，人主要吃小型动物，人并未取得对动物的优势地位。直到 10 万年前，人类进化为智人，才站上了食物链的顶端。

人类要不要吃肉？是的，人类需要蛋白质，肉类是高效的蛋白质来源，长期吃素的人会出现营养不良。人类在进化的过程中，喜欢富含蛋白质和脂肪的食物。在食物匮乏的年代，富含蛋白质和脂肪的食物成为人类争抢的焦点，摄入更多的蛋白质和脂肪有利于人类在生存竞争中存活下来且更快繁殖，这种偏好已经进入祖先的基因遗传给了我们。今天，食物不再匮乏，人们可能因为太胖了而需要减肥，但是人们仍然抵抗不了富含蛋白质和脂肪的食物。

今天，人饲养家畜家禽，全世界的人都吃猪牛羊、鸡鸭鹅等（某种宗教信仰者除外）。《三字经》讲：“马牛羊，鸡犬豕。此六畜，人所饲。”在 20 世纪 60 年代，我国把“六畜”的排位改成了“猪、牛、羊、马、鸡、狗”，把猪的地位提高到榜首，牛羊次之，这主要是为了发展畜牧业，提高肉食供给水平。《现代汉语词典》（第七版）对“六畜”仍沿用“猪、牛、羊、马、鸡、狗”的排位。

在富有大型动物的地区，人类根本不屑于把狗、兔子等当作食物，它们太小了，肉也不多。有了驯养的大型食草动物，人类不会费心思去吃狗肉、兔子肉。猪、牛、羊、马等食草动物确实是很好的肉食来源，体型大、长得快、肉量多、只吃草，还产奶，并且性格温顺，不伤人。从成本收益的角度来讲，把猪、牛、羊、马作为食物来源，比狗、兔子要划算得多。加拿大、澳大利亚等国家的人普遍不会吃兔子，野兔多得成灾。

古代波利尼西亚人和古代中国人没有牛羊马这些大型动物。狗（约公元前 10 000 年）驯化于西亚、中国、北美。绵羊、山羊（约公元前 8 000 年）驯化于西亚，猪（约公元前 8 000 年）驯化于西亚和中国，牛（约公元前 6 000 年）驯化于西亚、印度和北非，马、驴（约公元前 4 000 年）驯化于乌克兰、埃及。羊驼（约公元前 3 500 年）驯化于安第斯山脉，中亚双峰驼、阿拉伯单峰驼（约公元前 2 500 年）驯化于中亚和阿拉伯半岛。之后再也没有出现具有重大意义的动物驯化。古代中国最先驯化的是猪和狗，牛、羊、马等驯化的大型动物是外来物种。对小型动物的驯化几乎不是人类的选择，直到中世纪，人类才驯化了兔子作为食物。人类不会驯化老鼠作为食物，经济效益太低了。

人类没有驯化老虎、狮子这样的大型动物作为蛋白质来源，不是因为驯化不了它们，而是因为老虎、狮子是食肉动物，根据生物转化规律，它们要吃更多的肉才能长少量的肉，人类驯化食肉动物作为食物来源是没有经济效率的。

人类也没有成功地驯化大象、犀牛、河马、斑马等大型草食动物作为食物来源，总是有各种各样的原因，如长得太慢、性情暴躁凶险、容易受惊吓等。

从肉食安全性和经济效率角度看，人类应该吃猪、牛、羊、马，而不是其他。虽然古代中国人吃狗肉，并且如今我国一些地方还有“狗肉节”的习俗，但那是因为古代中国肉食来源主要是猪和狗。随着驯化的牛、羊、马等大型食草动物传入中国，狗作为肉食来源的重要性大大降低了。

至于野生动物，现代人更不应该伤害。能够被人类驯化作为肉食来源的，早就被驯化和饲养了，其他的动物就应该生活在野外丛林中。食用野生动物，既不安全，也没有经济效率，是违背人类祖先进化和选择的事情。我们对动物的科学知识的认识还很不够，家禽家畜有疯牛病、狂犬病、禽流感等传染病，野生动物身上的病毒更多，且人类认识不全，在人类历史上，病毒杀死的人比枪炮杀死的人要多得多。

新发展理念

2015 年 11 月，习近平总书记在关于《中共中央关于制定国民经济和社会发展第十三个五年规划的建议》的说明中指出："发展理念是发展行动的先导，是管全局、管根本、管方向、管长远的东西，是发展思路、发展方向、发展着力点的集中体现。" 2015 年 10 月 29 日，习近平在党的十八届五中全会第二次全体会议上的讲话鲜明提出了创新、协调、绿色、开放、共享的发展理念。创新发展注重的是解决发展动力问题，协调发展注重的是解决发展不平衡问题，绿色发展注重的是解决人与自然和谐问题，开放发展注重的是解决发展内外联动问题，共享发展注重的是解决社会公平正义问题。总之，新发展理念强调经济发展的效率和公平问题。

市场监管总局 农业农村部 国家林草局
关于禁止野生动物交易的公告

为严防新型冠状病毒感染的肺炎疫情，阻断可能的传染源和传播途径，市场监管总局、农业农村部、国家林草局决定，自本公告发布之日起至全国疫情解除期间，禁止野生动物交易活动。

一、各地饲养繁育野生动物场所实施隔离，严禁野生动物对外扩散和转运贩卖。

二、各地农（集）贸市场、超市、餐饮单位、电商平台等经营场所，严禁任何形式的野生动物交易活动。

三、社会各界发现违法违规交易野生动物的，可通过 12315 热线或平台举报。

四、各地各相关部门要加强检查，发现有违反本公告规定的，要依法依规严肃查处，对经营者、经营场所分别予以停业整顿、查封，涉嫌犯罪的，移送公安机关。

五、消费者要充分认识食用野生动物的健康风险，远离"野味"，健康饮食。

市场监管总局　农业农村部　国家林草局

2020 年 1 月 26 日

考虑经济效率

经济学家呼吁，凡事多考虑经济效率。不顾或偏离经济效率来行动，是不切实际的。人民群众对美好生活需要有很多向往，需要创造丰富的物质文化生活来满足人民群众的美好生活需要。武侠小说只论江湖，不论经济，江湖人士吃什么？不以经济建设为中心，人民群众的精力耗费在非生产性用途当中，经济发展就会走弯路，人民群众的生活水平也难以提高。形式主义的“文山会海”，一定程度上也是偏离了经济效率。凡事成本太高，收益太少，就要打打问号。只有成本没有收益的事，不符合经济规律。

第七节 帕累托改进：补录

北京大学 2019 年在河南省的“国家专项计划”理工类招生计划为 8 人，该项志愿第 6 名考生 667 分，第 7 名考生 542 分，第 8 名考生 536 分。北京大学将第 7 名第 8 名考生退档，理由是高考成绩过低，极有可能因完不成学业被退学。河南省招生办向北京大学投出“国家专项计划”理工类第二志愿 2 人档案，考分均为 671 分，北京大学招生办予以录取。

显然，退档第一志愿两名考生，录取第二志愿两名考生，不是帕累托改进，因为让第二志愿两名考生变好时损害了第一志愿两名考生的利益。事件曝光之后，舆论对北京大学一片批评之声。

压力之下，北京大学决定补录这两名退档考生，且不改变两名第二志愿考生的录取状况，这是帕累托改进，因为让两名退档考生状况变好时，没有让任何人变差。北京大学退档“国家专项计划”考生，舆论一片批评，而补录这两名退档考生，舆论则一致好评。这说明，一项举措要想获得更多支持，要符合帕累托改进原理，即通常所说的做加法而不做减法。改革在推进过程中，往往面临较大的阻力，这是因为改革会触及一部分人的利益，让他们受损，因此他们会反对。

程序正义主张一个中立的程序适用于任何群体，不论结果如何，即通常所讲的程序公平或机会公平。高考面前人人平等，从高分到低分录取，只要人人都遵守这一程序（游戏规则），录取结果就符合程序正义。若把高等教育视为科学研究的精英教育（大学的英文词是“university”，词根的意思是“关于宇宙的智慧”），高考招生“唯分数论”并非没道理，分数是一种信号，高分代表着有更高的学习能力或智商，有利于在科学研究中取得成就。程序正义必然导致结果的差异，若同一条起跑线上兔子和乌龟一起跑，肯定是兔子取得胜利。在高考这个问题上，若全国所有的考生适用一套程序，教育条件和基础比较差的地区和考生就会成为乌龟，而教育条件和基础比较好的地区和考生就会成为兔子，按这种程序来招生，好的校园一定被教育条件和基础比较好的地区和考生占据。即使大学没有任何的歧视理念，其招生的结果看起来也是歧视性的。长此以往，差的地区越来越差，好的地区越来越好，区域差距越拉越大。

补偿性正义主张根据历史、文化、经济条件有偏向地制定法律和政策，对弱势群体有一定的补偿，以保证一个相对公平的结果。如果考虑到贫困地区和少数民族地区的经济条件和历史、文化实际，高等教育资源适当向贫困地区和少数民族地区倾斜，是有道理的，这是促进教育公平的一种手段。“国家专项计划”定向招收贫困地区学生，招生学校为中央部门所属高校和各省（自治区、直辖市）所属重点高校，实施区域为集中连片特殊困难县、国家级扶贫开发重点县以及新疆南疆四地州（喀什地区、和田地区、阿克苏地区、克孜勒苏柯尔克孜自治州）。“国家专项计划”是国家促进教育公平的特殊政策，旨在为贫困地区考生开辟的特殊通道，让成绩优异的寒门学子有更多改变命运的机会。“国家专项计划”招生工作，是高校必须执行的政治任务。中国的高等教育资源来自国家财政拨款，来自全体国民的税收贡献，理应服务于全国人民。但是，高校招生补偿性地照顾特定人群，也会存在问题。例如，“国家专项计划”录取536分的考生进入北京大学，该考生同一地区一些670分以上的考生却无缘北京大学，甚至教育更优地区700分考生都进不了北京大学，对于这些高分考生来说却也是一种不公平。一些低分考生进入高等院校，和普通招生的高分考生同场竞技时，确实存在基础较差而跟不上学习进度的情况，给高等院校的教育教学管理也增加了难度。

美国的大学招生也有类似问题。美国有一项“平权法案”，主张在大学招生、公司招聘、政府招标时，应当照顾少数种族和女性，目的是补偿对黑人、印第安人等少数族裔和女性在历史上承受的痛苦，甚至在操作中规定了对这些补偿性群体的比例定额。加州大学伯克利分校曾经是一个几乎全是白人的学校，“平权法案”之下，20 世纪 90 年代中期该校的招生分布是 39% 的亚裔、32%的白人、14%的拉美裔、6%的黑人和 1%的印第安人。但是，“平权法案”也面临对优秀个体权利损害的问题。巴克是一个白人男性，连续两年被中意的医学院拒绝录取。这个医学院根据 16%黑人学生的定额比例，录取了一些各方面条件比巴克差的黑人学生。巴克一气之下上诉到美国最高法院。最高法院裁定对黑人学生实行定额比例录取是违宪的，但仍然在原则上支持“平权行动”（刘瑜，2012）。

罗尔斯提出“无知之幕”，认为只有在缔约者不知道自己的处境，无法从特定利益立场提出主张的情况下，得出的正义原则才是公平的正义。讨论正义原则且制定社会制度的各方都是平等的，各方也是理性的，在上述条件下，人们最理性的选择方法是最大最小值规则，即让最差的结果最好化。例如，人可能处于最糟糕的状况，在“无知之幕”下达成的规则是，保障最糟糕状况的人的最好利益。

罗尔斯提出两个正义原则：一是平等自由原则，二是机会的公平平等原则和差别原则的混合。每个人享有平等的自由，这是政治权利的问题。每个人享有平等的机会公平。资源的分配总是受到自然和社会偶然因素的强烈影响，如人的才能、天赋、社会地位、家庭、环境、运气等偶然因素都会造成个人努力与报酬的不相等。例如，高考是一种机会公平，人人都可以在高考的游戏规则下取得成功。但是，高考并不是一种平等的机会公平，人的天赋和家庭、社会条件各异，有些人在其所处的条件下“拼了老命”也可能成功不了。

即使实现了平等的机会公平，也会存在天赋、能力、家庭、社会条件的差异。罗尔斯认为，不平等的能力和天赋（幸运）不能成为不平等分配的理由，因为在“无知之幕”下每个人都是没有任何特殊权利的。罗尔斯主张用差别原则对待先天有利和不利的人，他将任何人的自然状况视为一种共同资产、一种共享利益。“那些先天有利的人，不论他们是谁，只能在改善那些不利者状况的条件下从他们的幸运中得利。”

罗尔斯希望人与人之间达到一种事实上的平等，为了这种事实上的平等，还要打破形式上的平等，对先天不利者和先天有利者差别对待。罗尔斯对不利者持同情和补偿的态度，所有的善都应被平等地分配，除非某种不平等分配是有利于最不利者的。罗尔斯的“无知之幕”揭示了人类应该保护社会中最为弱小的成员，这是人们在原始的“无知之幕”下达成的契约。大家之所有达成这样的契约，是基于大家的理性，为自己可能处于最不利状况时提供了一份保险。

只按高考的程序正义来分配资源，是不合乎罗尔斯正义要求的。正义要求所有人都有平等的机会实现成功。贫困地区和少数民族地区因为教育资源的限制，在程序正义下，是事实上的不公平，因此必须以公正为目标通过政治和法律制度来加以调节，建立“国家专项计划”甚至对各省（自治区、直辖市）招生指标进行调整，就是罗尔斯所讲的机会的公平平等原则。

“无知之幕”具有很强的群众效应，人们担心自己会成为这个不利的个体，舆论对退档“国家专项计划”考生出现一边倒的反对之声，而补录退档考生，则又出现一边倒的赞美之声，这证明正义藏在我们每个人的心中，是“无知之幕”下最普遍的情感。

第八节　贸易双赢

（一）国际贸易与经济福利

在 20 世纪 90 年代十分复杂的国际环境中，党中央敏锐观察和牢牢把握经济全球化不可逆转的发展趋势，毫不动摇坚持对外开放基本国策。

党的十四大和十四届三中全会提出，对外开放的地域要扩大，形成多层次、多渠道、全方位开放的格局，充分利用国际国内两个市场、两种资源，积极推进以质取胜和市场多元化等战略措施。1994 年，党中央明确提出，中央对发展经济特区的决心不变，中央对经济特区的基本政策不变，经济特区在全国改革开放和现代化建设中的历史地位与作用不变，经济特区要“增创新优势，更上一层楼”。

党的十五大进一步提出，对外开放是一项长期的基本国策，我国要以更加积极的姿态走向世界，完善全方位、多层次、宽领域的对外开放格局，发展开放型经济，增强国际竞争力。

根据这些重大决策，在党中央、国务院的大力推进下，我国扩大开放沿海城市和内陆边境城市、沿江城市和省会城市，建立起一批经济技术开发区和保税区，同时明确了以上海浦东新区为龙头带动长江流域经济起飞的发展战略，确定要在21世纪初将上海建成国际经济、金融、贸易中心。到1997年，从沿海到沿江、从沿边到内陆，多层次、多渠道、全方位开放的新格局逐步形成。

加入世界贸易组织是我国改革开放进程中具有历史意义的一件大事，也是进一步推进全方位、多层次、宽领域对外开放的重要契机。我国政府于1986年7月申请恢复我国关贸总协定缔约国地位，并开始同缔约各方进行谈判。从“复关”到“入世”，中国进行了长达15年的谈判。其间，党中央始终高度重视，做了大量工作。2001年11月10日，在卡塔尔首都多哈举行的世界贸易组织第四届部长级会议通过了中国加入世界贸易组织的决定。2001年12月11日，中国正式成为世贸组织的第143个成员。

微观经济学认为，贸易可以使每个人的状况变得更好，当一国开放贸易时，有赢家也有输家，但赢家的收益大于输家的损失。微观经济学通过经济福利的计算来表明这一原理。经济福利是指人们的各种欲望或需要所获得的满足和由此感受到的生理幸福或快乐，社会经济福利通常以总剩余（消费者剩余和生产者剩余之和）作为衡量标准。

以纺织品市场为例，当A国的纺织品市场不参与国际贸易时，国内价格会自发调整，使国内卖者的供应量与国内买者的需求量达到平衡，买者和卖者从市场中得到的总剩余如图1-1所示。

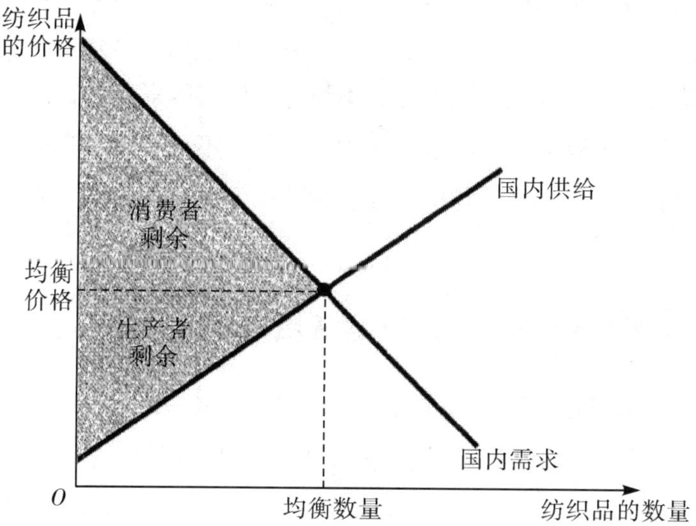

图1-1 没有国际贸易时的均衡

当 A 国的纺织品市场参与国际贸易时，若贸易前国内均衡价格低于世界价格，那么这时国内价格就会上升到等于世界价格的水平，同时 A 国将出口一定量的纺织品，国内纺织品生产者的状况变好了。虽然国内该物品消费者的状况变坏了，但赢家收益超过输家损失，整个国家的经济福利增加（面积 D）。若贸易前国内价格高于世界价格，那么一旦允许贸易，国内价格将下降到等于市场价格的水平。该国变成纺织品进口国，通过福利计算，A 国的整体经济福利提高面积 D（见图 1-2）。因此，无论是作为出口国还是进口国，国际贸易都会提高一个国家整体的经济福利。

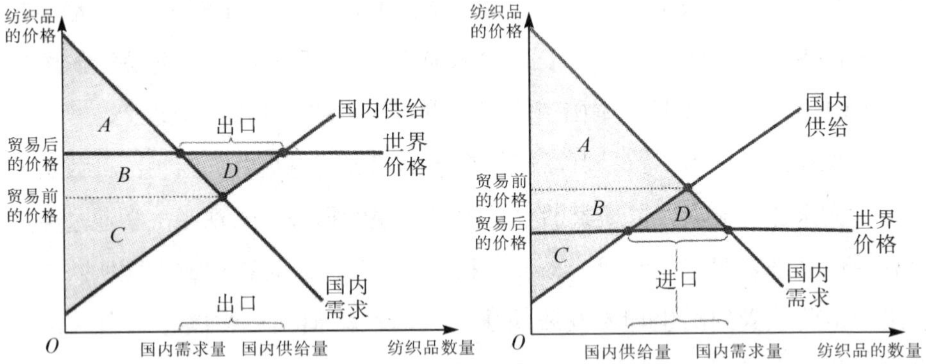

图 1-2　有国际贸易时的均衡

贸易可以使每个人的状况都变得更好，自由达成的贸易是帕累托改进。开放国际贸易，有赢家也有输家，但是赢家收益总是大于输家损失，因此赢家可以对输家进行补偿，补偿之后赢家、输家的状况都比以前更好。纵观人类社会发展史，开放则兴，封闭则衰。当前，世界百年未有之大变局加速演进，新冠肺炎疫情大流行使世界经济不稳定不确定因素增多，但经济全球化是客观现实和历史潮流。面向未来，中国将坚定不移奉行互利共赢的开放战略，以开放、合作、共赢精神同世界各国共谋发展，携手创造人类更加美好的明天。

（二）2001 年中国正式加入世界贸易组织

世界贸易组织是当代最重要的国际经济组织之一，成员国贸易总额达到全球的 97%，有“经济联合国”之称。加入世界贸易组织，是党中央、国务院做出的重大战略决策。2001 年 12 月 11 日，中国正式加入世界贸易组织，成为其第 143 个成员。这是改革开放进程中具有历史意义的一件大事，标志着我国对外开放进入一个新的阶段。加入世界贸易组织，是进一步推进全方位、多层次、宽领域对外开放的重要契机，是中国对外开放和世界经济全球化进程中具有里程碑意义的大事。中国加入世界贸易组织是一个历史性事件，不仅十分有利于中国乃至亚洲地区，也十分有利于包括愿意实行开放型国际贸易国家在内的整个国际社会。

2002 年 1 月 28 日，中国常驻世界贸易组织代表团在日内瓦湖畔威尔逊总统酒店举行了隆重的揭牌开馆仪式。中国第一任常驻世界贸易组织代表、特命全权大使孙振宇在致辞中说："中国将在权利与义务平衡的基础上，严格遵守世界贸易组织规则，切实履行各项承诺，为多边贸易体制的发展做出积极的贡献。"

"要建设开放型世界经济，坚定维护多边贸易体制，不搞歧视性、排他性标准、规则、体系，不搞割裂贸易、投资、技术的高墙壁垒。"2021 年 1 月 25 日，习近平主席在世界经济论坛"达沃斯议程"对话会上的特别致辞，宣示中国将同各国一道，共建持久和平、普遍安全、共同繁荣、开放包容、清洁美丽的世界。

20 年来，中国全面履行"入世"承诺，积极践行自由贸易理念，大幅开放市场，履行知识产权保护承诺和透明度义务等，展现了真正的大国担当。2010 年，加入世界贸易组织不到 10 年，中国就全部履行完货物降税承诺，关税总水平由 2001 年的 15.3%降至 9.8%。中国持续自主扩大开放，目前关税总水平已降至 7.5%，远低于加入世界贸易组织承诺的 10%。货物进口额年均增长率超过两位数，在华设立的外资企业超过 100 万家，让世界各国更多分享中国经济发展带来的红利。

假设中国加入世界贸易组织将获得 30 单位的收益，不加入世界贸易组织将失去 20 单位的收益，世界允许中国加入世界贸易组织将获得 20 单位的收益，不允许中国加入世界贸易组织将失去 30 单位的收益（见图 1-3）。纳什均衡是（中国入世，允许中国入世），中国加入世界贸易组织既有利于中国人民，也有利于世界贸易组织其他成员国的人民。

世界（其他参与主体）

		允许中国入世	不允许中国入世
中国	入世	（30，20）	（30，-30）
	不入世	（-20，20）	（-20，-30）

图 1-3 纳什均衡

（三）中美贸易争端

2018 年 7 月 11 日，美国政府宣布对从中国进口的约 2 000 亿美元商品加征 10%的关税，8 月 2 日又将加征税率提高至 25%。2018 年 9 月 18 日，美国政府宣布实施对从中国进口的约 2 000 亿美元商品加征关税的措施，自 2018 年 9 月 24 日起加征关税税率为 10%，2019 年 1 月 1 日起加征关税税率提高到 25%。美方一意孤行，导致中美贸易摩擦不断升级。为捍卫自由贸易和多边体制，捍卫自身合法权益，中方不得不对已公布的约 600 亿美元清单商品实施加征 10%或 5%的关税，自 2018 年 9 月 24 日 12 时 01 分起实施。如果美方执意进一步提高加征关税税率，中方将给予相应回应。实施上述加征关税措施的目的是遏制贸易摩擦升级，是对美方单边主义、贸易保护主义的被迫回应，中方希望美方停止贸易摩擦，中美双方通过平等、诚信、务实的对话，相互尊重，共同维护互利共赢的双边经贸关系大局，共同维护自由贸易原则和多边贸易体制，共同促进世界经济的繁荣与发展。

2019 年 8 月 5 日，由于日前美方宣称拟对 3 000 亿美元中国输美商品加征 10%的关税。中国相关企业暂停采购美国农产品。2019 年 8 月 24 日，美方宣布将提高对约 5 500 亿美元中国输美商品加征关税的税率，中方对此坚决反对。中方强烈敦促美方不要误判形势，不要低估中国人民的决心，立即停止错误做法，否则一切后果将由美方承担。

2019 年 12 月 15 日，国务院关税税则委员会决定，对原计划于 12 月 15 日 12 时 01 分起加征关税的原产于美国的部分进口商品，暂不征收 10%、5%关税，对原产于美国的汽车及零部件继续暂停加征关税。

关税是指一国海关根据该国法律规定，对通过其关境的引进或出口货物征收的一种税收。关税在各国一般属于国家最高行政单位指定税率的高级税种。就对外贸易发达的国家而言，关税往往是国家税收乃至国家财政的主要收入。政府对引进或出口商品都可以征收关税，但进口关税最为重要，是主要的贸易措施。

关税可以使进口商品的价格提高到世界价格之上。关税会减少进口量，提高了市场价格，增加了生产者的福利，减少了消费者的福利。政府增加了税收收入。同时，关税会造成社会福利的损失。关税造成国内消费品价格上涨，这也遭到民众的普遍反对。

（四）美国各界强烈反对加征关税

据《人民日报》2019 年 5 月 9 日报道，美国从 5 月 10 日开始把价值 2 000 亿美元中国输美商品的关税税率从 10%提高到 25%。美国社会各界强烈反对美国政府提高关税，认为这只会伤害美国经济。

对中国输美商品加征关税将对美国消费者造成伤害，这已成为美国社会各界的共识。美国服装和鞋类协会主席里克·赫芬贝因（Rick Helfenbein）说，提高关税只会伤害美国家庭、美国工人、美国公司和美国经济。

美国消费者将面临更高的价格，让民众的钱袋子“瘪了下去”。《华尔街日报》的报道指出，更高关税将对美国普通消费者产生巨大影响，因为涉及的是一系列消费品，包括杂货、纺织品、服装、体育用品、肥皂、灯具和空调等。芝加哥大学和美国联邦储备委员会的一项联合研究用“洗衣机的例子”来证明提高关税对消费品的影响。结果显示，自 2018 年 1 月美国对进口洗衣机加征关税以来，洗衣机的平均价格上涨了 12%，美国消费者每年在洗衣机和烘干机上的支出增加了 15 亿美元，每台洗衣机要多花 86 美元，每台烘干机要多花 92 美元。纽约联邦储备银行、哥伦比亚大学和普林斯顿大学的一项研究发现，美国政府提高关税，包括对钢铁、铝、太阳能电池板和中国进口产品加征关税，税负完全落在了美国消费者和企业身上，至少让美国消费者每月损失了 14 亿美元。

中国对美国部分商品加征了关税，导致美国相关行业处境艰难。2018 年，美国农业净收入下降了 12%，大豆、猪肉、乳制品和小麦价格遭遇断崖式下跌，设备价格却在上涨，导致利润大幅下降。堪萨斯州比斯马克（Bismarck）农场第四代农场主洛维·内兹尔（Lowell Neitzel）对记者表示，因为加征关税，他的农场在经历“艰难的经济时刻”。美国政府宣布发放 120 亿美元农业补贴，以援助在美国挑起的贸易争端中受损的美国农场主。洛维·内兹尔说，补贴的钱是拿到了，但比起失去的市场以及减少的收入，“这点儿补贴远远不够”。

美国众多行业协会及不少学者纷纷表示反对美国政府对中国输美产品加征关税，称最终为关税买单的是美国消费者。美国智库布鲁金斯学会高级研究员杜大伟在社交媒体发文说，已有初步研究显示，美国对中国输美产品征收关税，而美国消费者正在为这些关税全权买单。美国《大西洋月刊》撰稿人詹姆斯·法罗斯则在社交媒体发文说，美国政府对中国输美产品征收关税，产生的相关成本由美国消费者承担。法罗斯还表示，从人群来说，因收入用于购买食品和基本消费品的比例较高，关税对美国低收入人群伤害更大①②。

贸易双赢

党的十九大报告指出："中国坚持对外开放的基本国策，坚持打开国门搞建设，积极促进'一带一路'国际合作。"开放带来进步，封闭必然落后。中国开放的大门不会关闭，只会越开越大。2013 年 9 月和 10 月，习近平总书记分别提出建设"新丝绸之路经济带"和"21 世纪海上丝绸之路"的合作倡议。根据国家统计局数据，2016—2019 年，中国对"一带一路"沿线国家进出口总额逐年提高，年均复合增长率达到 14%。2019 年，中国对"一带一路"沿线国家进出口总额达到 92 690 万元，同比增长 10. 8%，比全国进出口总额增长率高出 7. 4 个百分点。"一带一路"已经成为我国进出口贸易的重要增长点。

第九节　行为受制度激励：建立学校负责人陪餐制度

经济学认为，人是理性的，追求利益最大化。进行资本运作的市场主体总是力图降低成本以增加利润。降低成本的结果就是各种商业不诚信层出不穷，如质量问题、假冒伪劣、安全问题等。

人们指望道德来解决商业不诚信问题，但道德只约束有道德的人，不是人人都是天使。人们指望法律来解决商业不诚信问题，但法律是有成本的，并且"民不告法不理"。普通消费者无法提供质量问题、假冒伪劣、安全问

① 人民日报. 美国各界强烈反对加征关税［EB/OL］.（2019 - 05 - 10）［2021 - 06 - 30］. baijiahao.baidu.com/s? id = 1633098166466047031 8&wfr = spider&for = pc.

② 刘坤. 美国行业协会及学者等反对美国政府对中国输美产品加征关税［EB/OL］.（2019-05-09）［2021-06-30］. baijiahao.baidu.com/s? id = 1633022640723786105&wfr = spider&for = pc.

题等方面可证实的证据。人们常常指望市场监管来解决商业不诚信问题，但经济学的观点是市场监管常常是靠不住的。一些事件曝光后，相关监管部门和政府常常迅速介入调查。但是，舆情出现之前，监管部门在哪里？在经济学看来，这可能有两种情况：其一，监管部门知情不处理，这符合猫和老鼠的逻辑，把老鼠抓干净了，猫的价值就没有了，老鼠对猫的寻租更符合猫的利益，猫不关心第三方的利益。其二，监管部门不知情，监管力量有限。市场监管是典型的正外部性行为，经济学原理告诉我们，正外部性行为的结果是供给不足。

解决各种商业不诚信问题真的无解吗？当然不是，简单的基于理性激励的制度设计，就可以解决商业不诚信问题。我们从以下几个故事中可以得到启发：

其一，二战期间，美国空军的降落伞合格率是99.9%，这意味着每1 000名跳伞的士兵中会有一个因为降落伞质量问题而丧命。军方的巴顿将军要求生产商将合格率达到100%，生产商负责人却说他们已竭尽全力了，99.9%的合格率已是极限，除非出现奇迹。巴顿将军要求军方改变降落伞的检查制度，每次交货前从降落伞中随机挑出几个，让生产商负责人亲自跳伞检测产品质量。结果，“奇迹”真的出现，降落伞合格率达到100%。

其二，英国殖民澳洲之后，把罪犯送到澳洲去，一方面解决英国本土监狱人满为患的问题，另一方面解决澳洲的劳动力稀缺问题。英国政府雇佣私人船只运送犯人，起初按照装船的人数付费，结果运输者虐待犯人、节约成本，导致罪犯的死亡率非常高，平均超过了10%，最严重时罪犯的死亡率达到37%。英国政府绞尽脑汁降低罪犯运输的死亡率，包括派官员进行监督，结果都不理想。最后，一位经济学家给出建议，将付款方式改变一下，从根据上船的人数付费改为根据下船的人数付费。新制度之下，罪犯死亡率立竿见影地降到了1%左右。

其三，日本为了保证学生午餐安全，建立了校长先试吃的制度，校长要在学生用餐之前（要提前一个小时）先试吃，并要当着老师们的面试吃。如果存在食品安全问题，校长起到试验者的作用。

可见，好的制度让坏人干好事，坏的制度让好人干坏事，制度的激励使个体按照经济理性行事，且沿着正义的方向。

2019年3月，四川省教育厅出台《四川省教育厅关于切实加强学校食品安全工作的紧急通知》，明确要求学校建立集中用餐陪餐制度，每餐均应当有学校相关负责人与学生共同用餐，有条件的学校应当建立家长陪餐制度，健全相应工作机制。

这一制度是一种进步，符合制度激励原理。校长陪餐更直接可靠，家长陪餐则不太符合激励约束原理，家长和学生同是需求方，应该约束的是供给方。家长能发挥的作用是监管作用。学校应给厨房安装实时监控，家长联网可以看到制餐过程和食品卫生情况。

第十节　根据边际效应决策：水与钻石之谜

大家都知道水很便宜，钻石很贵。但从这两种物品的总效用来看，水的总效用很大，人的生命离不开水，水约占人体重量的70%。一般认为，人体缺水3天以上可能致死，自然灾难导致人员受困后，有“黄金72小时”抢救时间之说。相反，钻石对人类维持生存没有任何价值。水对人体很重要，价格却低；钻石对人体不重要，价格却高。经济学思想史上，把这一现象叫做“水与钻石悖论”。约翰·劳提、亚当·斯密都讨论过这一谜题。

根据消费者行为理论：$P=MU/\lambda$，商品的价格由边际效用决定。水虽然总效用很大，但多喝一杯水的边际效用很小，因为生活中水往往比较充足，地球拥有如此丰富的生命存在，一个重要原因就是地球有足够多的淡水。钻石虽然总效用小，但边际效用大，钻石比较稀有，拥有一颗钻石制品，代表着财富、奢侈品和炫耀性商品。

商品的交换价值由消费者的边际效用决定，这在西方经济学中叫做效用价值论。消费者的边际效用决定交换价值，即支付意愿，这形成了需求曲线。生产者的边际成本决定出售意愿，这形成了供给曲线。商品的均衡价格由需求曲线和供给曲线的交点决定。因此，商品的市场价格取决于需求方和供给方的共同作用。

第十一节 公平：如何分配稀饭

有7个人组成了一个小团体共同生活，其中的每个人都是平凡而平等的，虽然没有害人之心，但是不免自私自利。他们想用非暴力的方式，通过制定制度来解决每天的吃饭问题——分食一锅稀饭，但并没有称量用具和有刻度的容器。

他们发挥了聪明才智，尝试了不同的方法，经过多次博弈形成了日益完善的制度。大体来说有以下五种方法：

方法一：指定一个人负责分配稀饭。但大家很快就发现，这个人为自己分得最多。于是他们又换了一个人来分，但最后总是负责分稀饭的人碗里的稀饭最多。

方法二：大家轮流负责分稀饭，每人一天。这样等于承认了个人有为自己多分稀饭的权利，同时给予了每个人为自己多分的机会。虽然看起来平等了，但是每个人在一周中只有一天吃得饱并且有剩余，其余6天都饥饿难耐。大家认为这种方式导致了资源浪费，非常不好。

方法三：大家选举一个信得过的人负责分稀饭。开始这个人还能基本保持公平，但不久他就开始为自己和对自己溜须拍马的人多分。为了纠正风气，大家还得寻找新思路。

方法四：成立一个分稀饭委员会和一个监督委员会，形成监督和制约。这样的方式下基本能做到公平，可是由于监督委员会常提出多种议案，分稀饭委员会又据理力争，等大家商定好后，稀饭早就凉了。

方法五：每个人轮流值日分稀饭，但是分稀饭的那个人要最后一个领稀饭。令人惊奇的是，在这个制度下，7个碗里的稀饭每次都几乎一样多。每个负责分稀饭的人都认识到，如果7个碗里的稀饭不相同，他无疑将享有最少的那份。这样分配既公平，也没有浪费。最终这个方案被大家接受了。

第二章　需求、供给与市场均衡

新发展格局

面向未来，我们要把满足国内需求作为发展的出发点和落脚点，加快构建完整的内需体系，逐步形成以国内大循环为主体、国内国际双循环相互促进的新发展格局，培育新形势下我国参与国际合作和竞争新优势。在经济全球化深入发展的外部环境下，市场和资源“两头在外”对我国快速发展发挥了重要作用。在当前保护主义上升、世界经济低迷、全球市场萎缩的外部环境下，我们必须充分发挥国内超大规模市场优势，通过繁荣国内经济、畅通国内大循环为我国经济发展增添动力。以国内大循环为主体，绝不是关起门来封闭运行，而是通过发挥内需潜力，使国内市场和国际市场更好联通，更好利用国际国内两个市场、两种资源，实现更加强劲可持续的发展。

供给侧结构性改革

党的十九大报告提出深化供给侧结构性改革，把提高供给体系质量作为主攻方向，加快发展先进制造业，推动互联网、大数据、人工智能和实体经济深度融合，在中高端消费、创新引领、绿色低碳、共享经济、现代供应链、人力资本服务等领域培育新增长点、形成新动能。国家支持传统产业优化升级，加快发展现代服务业，促进我国产业迈向全球价值链中高端。国家坚持去产能、去库存、去杠杆、降成本、补短板，优化存量资源配置，扩大优质增量供给，实现供需动态平衡。

需求侧管理

2020 年 12 月召开的中央经济工作会议强调，加快构建以国内大循环为主体、国内国际双循环相互促进的新发展格局。我国要紧紧扭住供给侧结构性改革这条主线，注重需求侧管理，打通堵点，补齐短板，贯通生产、分配、流通、消费各环节，形成需求牵引供给、供给创造需求的更高水平动态平衡，提升国民经济体系整体效能。需求侧管理以形成强大国内市场、满足国内各类市场主体需求、全面释放需求潜力、推动需求与消费升级、形成供需良性互动等为目的。

第一节 需求定理

（一）网售教科书

保持其他因素不变时，消费者对某种商品的需求量通常随该商品的价格变动呈反向变化。价格越高，需求量越小；价格越低，需求量越大。如图 2-1 所示，在天猫搜索“微观经济学习题集袁正”，第一行出现了四个商家，虽然是同一本书，但价格并不相同，标价 24.9 元的商家，月成交 76 笔，需求量最大；标价 27.8 元的商家，价格比前者高，成交量比前者低；标价 28.7 元、31.1 元的商家，一本都没卖出去，其需求量都为 0。

需求量和价格的关系，在图形上用一条需求曲线表示，沿着需求曲线移动，会看到价格变化和需求量的变化是反向的。需求规律必须假设，在其他条件不变时，需求量和价格反向变化。若不假设其他条件不变，这一反向变化的规律不一定正确。例如，石油价格上涨，石油需求量减少？不一定。随着经济发展，人们使用石油增多时，即使石油价格上涨，石油的需求量也可能增加。

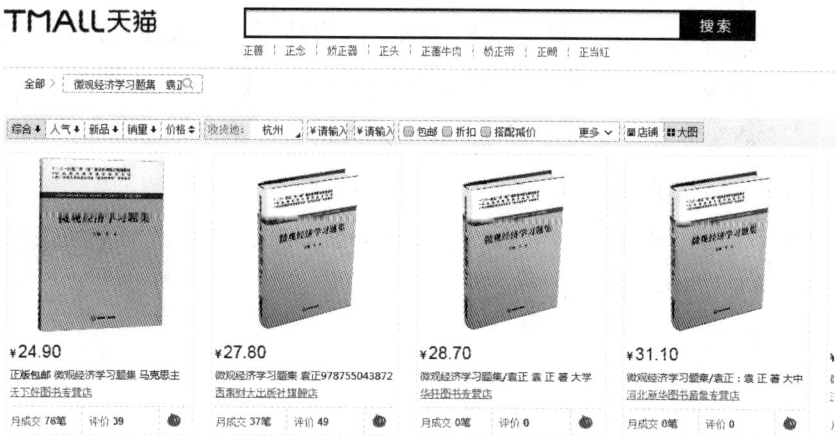

图 2-1 在天猫搜索“微观经济学习题集袁正”

（二）原油价格暴跌，中国油轮火速奔赴中东

2020年3月22日，“江瀚视野”在新浪财经登出文章[①]，84艘中国油轮火速奔赴中东，趁油价便宜购油。当时，全球原油价格暴跌30%，中国拥有全球最大的巨型油轮船队，共计84艘，集体拔锚起航，奔赴沙特港口运油。巨型油轮（very large crude carrier，VLCC）是指载重吨位在20万~30万吨的油轮，是目前最为实用的海洋运油装载工具，中国是目前拥有巨型油轮最多的国家。

在其他条件不变时，价格降低，需求量增加，这就是需求定理。原油价格下跌时，采购石油是一件符合经济学逻辑的事。石油价格出现前所未有的大跌，每桶价格跌到20美元左右，对中国这样的石油消费大国来说，这样的低价可谓千载难逢。这样的低价不可能维持太久。中国是世界第二大经济体，也是最大的发展中国家，中国的石油消费一直呈快速上涨的趋势。从战略安全考虑，中国应该扩充石油战略储备。当石油价格出现阶段性低点时，正是扩充石油储备的好机会。

（三）洛阳纸贵

西晋时期，一位名叫左思的人写了一部作品《三都赋》，受到各方赞誉，风行一时，广为流传。《三都赋》写的是三国时魏、蜀、吴首都的风土、人情、物产，为了在内容、结构、语言等方面达到一定水平，左思潜心研究，精心撰写，废寝忘食，用了整整十年才写成。由于当时还没有印刷术，喜爱《三都赋》的人只能争相抄阅，因为抄写的人太多，洛阳的纸张供不应求，货缺而贵，一时间全城纸价大幅上升。《晋书·文苑·左思传》写道：“于是豪贵之家竞相传写，洛阳为之纸贵。”“洛阳纸贵”成为一个成语，比喻作品非常好，流传甚广。

在图2-2中，纸张的需求增加，需求曲线右移，在供给不变的条件下，均衡价格增加，均衡数量也增加。

---

① 江瀚视野. 84艘中国油轮火速奔赴中东，趁油价便宜抢油为什么那么重要？[EB/OL].（2020-03-11）[2021-06-30]. baijiahao.baidu.com/s? id=1661832856957638437&wfr=spider&for=pc.

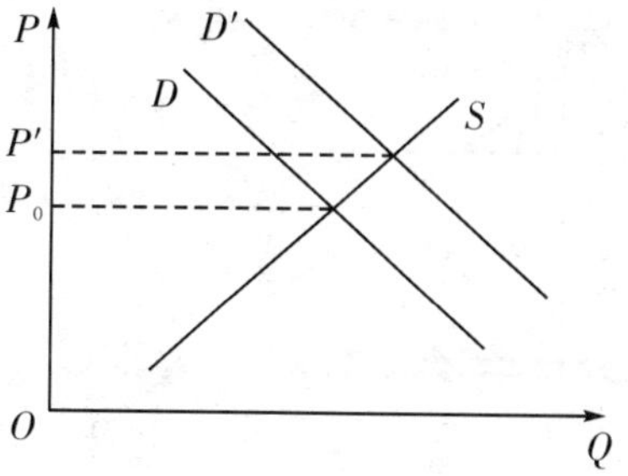

图 2-2 “洛阳纸贵”

（四）新冠肺炎疫情全球蔓延，回国机票高达 18 万元一张

新冠肺炎疫情在全球蔓延，中国的疫情得到有效控制。2020 年 3 月 15 日《国际金融报》报道，不少华人为了回国，已经不计成本了。伦敦飞北京机票的最高价格飙升至近 6 万元。即使在开学高峰期，一般直飞也就三四千元。现在不少留学生都想回国，但太难了，机票已出现“坐地起价”的情况。

疫情之下，境外飞中国的机票价格暴涨。飞上海的公务航班单个座位叫价已飙升至 18 万元。在缺少直飞航班的情况下，中转 1~4 次成为归国华人及留学生的无奈选择，但价格也是飞涨。出行需求加大、航空公司运力不足、第三方票务平台提供的不合理转机方案，合力造就了“天价机票”。

机票价格暴涨是需求关系造成的。国外疫情仍未得到有效控制，出于安全考虑，华人及留学生想回到相对安全的中国国内，出行需求大量增长。航空公司的运力不足也是重要因素，一些国家的航空公司暂停直飞中国的航班。中国的航空公司虽然有航班开通，但不像原来一样保持正常状态，班次减少，航班不确定性增加，总体运力显著下降。航班供需矛盾是机票价格上涨的根本原因。

另外，第三方机票平台间接助长了高昂的机票价格。机票第三方网站在没有直飞航线以后，会提供转机的各种方案。原本合适的方案因部分航段爆满，系统无法匹配。第三方平台会提供一些非常不合理的转机方案，航行时间较长，价格更高[①]。

机票价格上涨可以用图 2-3 解释。

① 王媛媛. 回国机票价格暴涨！伦敦飞上海出现 18 万“天价座”[EB/OL].（2020-03-15）[2021-06-30]. m.thepaper.cn/baijiahao_6526752.

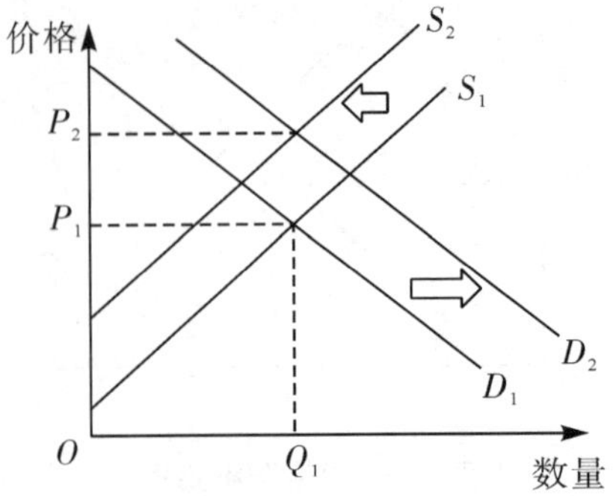

图 2-3　机票价格上涨

（五）新冠肺炎疫情给航空业造成沉重打击

2020 年，在新冠肺炎疫情影响之下，南方航空是亏损最少的一家，2020 年预计亏损 79 亿~108.6 亿元，南方航空方面表示，2020 年，公司全年运力和收入同比分别下降 37.59%和 46.15%，其中国际航线运力投入下降 80.63%，收入下降 84.88%。中国国航发布的 2020 年业绩预亏公告显示，中国国航 2020 年净亏损为 135 亿~155 亿元，扣除非经常性损益净亏损为 138 亿~159 亿元。

东方航空发布的 2020 年度业绩预亏公告显示，2020 年归属于上市公司股东的净利润为-125 亿~-98 亿元。本期业绩预亏的主要原因是 2020 年全球肆虐的新冠肺炎疫情对民航业造成了前所未有的严重冲击。根据国际航空运输协会（IATA）2020 年 11 月的预测，2020 年全球航空业亏损将达 1 185 亿美元。全球航空公司裁员突破 35 万人，已有 40 多家航空公司陷入破产境地。

受疫情影响，中国航空业也面临前所未有的严峻挑战。市场需求和旅客出行意愿均大幅下降。根据中国民用航空局 2020 年 11 月的统计数据，截至 2020 年 11 月底，中国民航旅客运输量同比下降 38.2%，国内航线和国际航线旅客运输量分别同比下降 32.1%和 86.1%。

美国投资人沃伦·巴菲特旗下的伯克希尔·哈撒韦公司已清空了美国四大航空公司（达美、西南、美航、美联航）的股票，总计数十亿美元。巴菲特认为，受新冠肺炎疫情影响，航空业已发生根本变化，三四年内航空客运人数都不会恢复过往水平。

（六）菜贱伤农

2011年4月25日，《南方日报》报道，福建闽侯、连江等地莴笋出现大量滞销，每斤（1斤等于500克，下同）0.1元仍然难以售出，大量销售不出的莴笋被销毁，菜农损失惨重。河南中牟2万多亩芹菜大获丰收，菜农们却因销路不畅而一筹莫展。贵州贵阳蔬菜集散地的每斤售价为0.7元的白菜价格已降为每斤0.3元。

北京、山东、河南等部分地区蔬菜价格的迅速下跌引发各方关注。受2020年冬季菜价高涨、流通环节成本过高的影响，蔬菜市场出现“菜贵伤民、菜贱伤农”的怪圈。同时，商务部、农业农村部以及各地农业部门紧急部署对策，维稳蔬菜市场，帮助菜农寻找销路。

全国蔬菜种植第二大省份河南省多个地方的菜农在丰收之后，却遭遇季节性蔬菜价贱与滞销。郑州市中牟县的芹菜、惠济区的莴笋以及周口市淮阳县的包菜，价格低至每斤几分钱都少有人问津。在北京，价格一直比较坚挺的油菜，最高也只能卖到每斤0.15元。2011年4月18日，油菜价跌到每斤0.05元。一些菜农为少赔钱，不得不把成片的油菜铲掉。

菜市陷怪圈，菜农难赚钱，市民嫌菜贵。受2010年冬季菜价高涨影响，2011年菜农的种植积极性提高，其中不乏盲目扩大种植面积者。与此同时，消费者并没有认为菜价有下降趋势。有报道显示，在田间地头收购的卷心菜每斤0.08元，到市区菜市场卖价就达到每斤0.8~0.9元，近10倍的差距主要来自运输上的各种成本、人工成本、天气影响下的蔬菜消耗成本、菜市场的摊位成本等各种因素。菜价下跌大部分会由菜农最终承受，而菜价上涨则由消费者买单。流通环节过多，每个环节加价10%~15%，价格必然翻番，有的甚至上涨数倍①。

谷贱伤农、菜贱伤农都是丰产不丰收的例子。当农产品产量扩大时，价格下跌，谷物和蔬菜都是必需品，需要价格弹性小，价格下跌时，收益会下降。

（七）丰收悖论

丰收在很多人眼中是一件喜事，意味着收入的增加，意味着国富民强。

---

① 南方日报.京鲁豫多地上演“菜贱伤农”，各地出紧急对策［EB/OL］.（2011-04-25）［2021-06-30］. ce.cn/cysc/sp/info/201104/25/t20110425_20968608.shtml.

可是在经济学中，丰收不一定是件好事，尤其是对农民而言。

设想某年大自然对农业格外恩惠，寒冷的冬季冻死了害虫，适于播种的春天早早到来，夏季丰沛的雨水使禾苗茁壮成长，阳光灿烂的秋季又使农作物易于收割和运输。年底时，农民一家高高兴兴地围坐在火炉旁计算一年的收入。结果却使他们大吃一惊：少见的好年景和大丰收，收入却比往年少！

这就是经济学中著名的“丰收悖论”，即好年景和大丰收反而降低了农民的收入。丰收悖论的成因何在？

我们来看一个具体的例子。2018 年 8 月，河北省邯郸市大名县被爆出上亿斤大蒜滞销的消息。这个地方位于河北、河南、山东三省交界之处，种植大蒜的历史非常悠久，2017 年年景还好的时候，大蒜能卖到 2.4 元/斤，2018 年 8 月的价格只有 0.55 元/斤。

2018 年大蒜卖不上价，最主要的原因还得追溯到两年前的“蒜你狠”头上。在 2016 年大蒜价格迎来高峰之后，2017 年全国大蒜种植面积增加了 20.8%，2018 年上半年又增加了 8%，不少地方甚至把种植大蒜作为扶贫项目。

可没想到大蒜产量不断上涨，市场供不应求的形势渐渐变成供过于求，大蒜价格开始下降，因为出售价格达不到预期，很多蒜农选择囤货等待市场回暖。这个想法当然有道理，毕竟大蒜是耐储存的农产品，只要不日晒雨淋，大蒜可以放到当年 9 月而不变质。可过了 9 月，大蒜就得进冷库储存，每斤要增加 0.15~0.2 元的成本。储存下来的老蒜到了第二年，又会冲击新蒜的市场，导致新蒜卖不上价。如此恶性循环，大蒜价格不断下跌，农民收入也急剧减少。

大蒜的丰收，并没有给种植大蒜的农民带来丰厚的收入，在经济学中我们将之称为“丰收悖论”。经济学认为，造成这种现象的原因是由于大蒜这种产品缺乏需求弹性。所谓缺乏需求弹性，简单而言就是当商品价格降低的时候，其消费量并不会有明显的增加，也就是说市场上对于产品的需求量是有限的。当河北农民面临大蒜丰收的时候，由于大蒜缺乏需求弹性，因此出现价格大幅降低，但是产品仍然大量滞销的情况。丰收不但没能让农民获利更多，相反却使他们的收入减少了。

提高个税起征点增加居民可支配收入

2011 年 4 月 20 日，第十一届全国人大常委会第二十次会议将个人所得税免征额调至 3 500 元，2011 年 9 月 1 日起施行。2018 年 8 月 31 日，修改《中华人民共和国个人所得税法》的决定通过，个人所得税起征点为每月 5 000 元，2018 年 10 月 1 日起实施。个人所得税起征点提高，可以增加居民可支配收入，从而增加商品需求。

“六稳”“六保”提高居民收入

“六稳”是稳就业、稳金融、稳外贸、稳外资、稳投资、稳预期。“六保”是保居民就业、保基本民生、保市场主体、保粮食能源安全、保产业链供应链稳定、保基层运转。我国要千方百计稳定经济发展，稳定居民就业，提高居民收入。只要收入提高了，需求就会增加，需求曲线右移。扩大内需最为重要的就是提高收入，促进消费。

成渝地区双城经济圈建设

2020 年 5 月 17 日，《中共中央 国务院关于新时代推进西部大开发形成新格局的指导意见》强调，加快形成西部大开发新格局，推动西部地区高质量发展。2020 年 1 月 3 日，中央财经委员会第六次会议提出：“推动成渝地区双城经济圈建设，有利于在西部形成高质量发展的重要增长极，打造内陆开放战略高地，对于推动高质量发展具有重要意义。”会议指出：“强化重庆和成都的中心城市带动作用，使成渝地区成为具有全国影响力的重要经济中心、科技创新中心、改革开放新高地、高品质生活宜居地，助推高质量发展。”会议强调：“加强顶层设计和统筹协调，突出中心城市带动作用，强化要素市场化配置，牢固树立一体化发展理念，做到统一谋划、一体部署、相互协作、共同实施，唱好‘双城记’。要加强交通基础设施建设，加快现代产业体系建设，增强协同创新发展能力，优化国土空间布局，加强生态环境保护，推进体制创新，强化公共服务共建共享。”成渝地区双城经济圈建设主要是为了发展西部地区，在西部地区形成一个增长极，带动西部地区实现高质量发展，实现共同富裕的目标。

第二节　供给定理

（一）油价即将上涨，加油站只给加100元的油

网友爆料，2021年10月22日晚间，他在某高速公路服务区加油。因为当天晚上油价将要上调，而加油时还没有涨价，加油站员工只给司机加100元的油。对此，司机表示很不理解，100元能够加几升油？跑到路上没油了怎么办？加油站员工则表示："100元的油足够你跑到下一个服务区。"

2021年10月22日24时，国内成品油价格开启新一轮的上调，其中汽油每吨上调300元，柴油每吨上调290元。92号汽油每升上调0.24元，95号汽油每升上调0.25元，0号柴油每升上调0.25元。在油价临近上调之际，一些加油站打起了自己的小算盘。

供给理论提出，供给量除了受价格影响之外，还受其他因素的影响。当价格上升时，供给量会增加，沿着供给曲线向右上方移动。如果预期价格上升，供给会减少，供给曲线左移，即在相同的价格下，供给量会减少。

该加油站的小算盘打得"精"，但确实不合情理，保障供给才是硬道理，不能见利忘义①。

（二）猪价上涨，产能扩大

在其他条件不变时，价格上升，供给量会增加，这就是供给定理。2019年，猪肉价格上涨迅猛。按生猪市场价格测算，养殖户头均盈利可达1 491元，远超1 200元的历史高点。随着生猪养殖盈利大幅提升，生猪生产恢复向好迹象，养殖场户补栏积极性明显提高，新进入者也在摩拳擦掌。在此背景下，国内生猪养殖企业全力"跑马圈地"，扩大产能。

牧原股份斥资1.2亿元，在6个知名养殖县设立子公司，每家子公司注册资本拟定2 000万元，均用于畜牧养殖及销售等业务。牧原股份进一步打造集饲料加工、种猪扩繁、商品猪饲养为一体的生猪产业链。唐人神集团与

---

① 腾讯新闻. 如此嚣张！油价即将上涨，加油站只给加100元的油：够你跑到下个服务区[EB/OL].（2021-10-24）[2022-02-10]. https://view.inews.qq.com/a/20211024A01MCW00? refer=wx_hot.

禄丰县人民政府签署《年出栏15万头生猪绿色养殖项目投资协议书》，计划投资3亿元，在禄丰县设立生猪绿色养殖项目，项目建成达产后，年产生猪15万头，可实现年销售收入3亿元。天邦股份公告称与浙农发集团签订合作协议，双方拟合作在5年之内建成年出栏500万头生猪的产业基地。大北农公告显示，2019年上半年在陕西、河南、贵州、河北、内蒙古、浙江、新疆、湖北、江西等地9个猪场项目陆续开工，截至2019年6月底，大北农已投产19万头母猪存栏能力。四川巨星企业集团有限公司和四川特驱农牧科技集团有限公司投资建设2个百万生猪养殖项目。计划在3~5年时间，总投资76亿元，将实现年出栏生猪300万头。东方希望集团在黑龙江齐齐哈尔市梅里斯区的200万头生猪养殖加工项目4个场区集中开工，先期计划投资35亿元，建设生猪养殖场、饲料加工厂和原料种植基地①。

2019年10月3日，“养猪大王”浙江天天田园集团公司董事长葛云明与吉林省辽源市东辽县人民政府签订协议，在东辽县凌云乡等地投资10亿元，建设双天（辽源）现代农业产业园30万头生猪养殖基地，发展饲料加工、畜禽屠宰、肉食品加工等上下游产业②。

（三）口罩的供给富有弹性

当新冠肺炎疫情发生时，口罩的需求大增，而口罩的供给量在短期内是有限的，导致市场上的口罩供不应求，价格也出现一定程度的上涨。当口罩难求时，人们忧心忡忡，担心复工后仍然买不到口罩的话，上下班通勤都不方便。然而，经济学告诉人们，不用担心，口罩是易生产品，其供给价格弹性比较大。

口罩生产技术不复杂，工艺相对简单，上马新的生产线较为容易，产品的生产周期比较短，因此生产者调整口罩的供给量较为容易。这跟海边别墅、高速公路、景区酒店等不一样，这些商品在短期内是固定的，而且要增加供给量难度非常大，甚至不可能，因此这些商品的供给是缺乏价格弹性的，即使涨价，也增加不了供给量。

2020年2月13日，五菱汽车宣布第一批口罩批量出货，仅用3天就生

① 证券时报. 养一头猪赚1500元！这些A股公司全力扩张产能［EB/OL］.（2019-09-04）［2021-06-30］. zqrb.gscy/qiyexinxi/2019-09-04/A1567567027482.html.

② 周能兵. 30万头！养猪大王葛云明将在吉林建设生猪养殖基地［EB/OL］.（2019-10-13）［2021-06-30］. baijiahao.baidu.com/s? id=1647265749684049999&wfr=spider&for=pc.

产出口罩。其口罩包装上写着“人民需要什么，五菱就造什么”。为了抗击新冠肺炎疫情，五菱汽车公司改建了 2 000 平方米无尘车间，设置了 14 条口罩生产线，其中 4 条生产 N95 口罩，10 条生产普通医用口罩，日生产量最高可达 200 万个①。

2020 年 2 月 12 日，格力电器宣布加紧生产温度计、口罩生产设备、护目镜、杀病毒空气净化器等一系列抗击疫情产品。格力口罩可以日产上百万个，从启动到开售，时间只用了不到半个月。

2020 年 3 月 10 日，翰宇药业发布公告，为应对目前市场需求扩大及业务发展需要，公司子公司成纪药业拟新增建设 6 条医用口罩生产线。这个项目完成后，成纪药业将拥有 11 条医用口罩生产线，其中包括 3 条 N95 医用口罩生产线和 1 条每分钟 1 000 个的一次性医用口罩高速生产线。预计年产量约 4 亿个，项目投资总金额约 4 506.31 万元②。

政府出台政策增加生猪生产

“猪粮安天下。”2019 年秋冬季，随着猪肉价格不断上涨，老百姓菜篮子压力大增。国务院部署加大生猪生产，加大生猪生产补贴，强化生猪生产要素保障，对养殖场加大土地、资金信贷、保险、技术等全方位支持，尽快恢复生猪存栏和能繁母猪规模。农业农村部数据显示，2020 年 6 月，能繁母猪存栏环比增长 3.9%，同比增加 3.6%，这是自 2018 年 4 月以来首次实现同比增长，也是一个重要拐点。

去产能

我国部分产业供过于求，传统制造业产能普遍过剩，特别是钢铁、水泥、电解铝等高消耗、高排放行业尤为突出。去产能是指为了解决产品供过于求而引起产品恶性竞争的不利局面，把过剩的生产能力减下来，并寻求转型升级。钢铁行业完成去产能 1.5 亿吨目标，累计退出“僵尸企业”的粗钢产能 6 474 万吨。

---

① 投资界. 日产 200 万个口罩，国产神车霸气：人民需要什么，五菱就造什么！[EB/OL].(2020-02-16)[2021-06-30]. baijiahao.baidu.com/s? id=1658638154983021244&wfr=spider&for=pc.

② 金融界. 翰宇药业拟建设 11 条医用口罩生产线 年产量约 4 亿只 [EB/OL].(2020-03-11)[2021-06-30]. sohu.com/a/379092624_114984.

第三节 供求定理

（一）供不应求：一罩难求

如果需求量大于供给量，则存在供需缺口。在价格不受管制的情况下，价格会上涨，直到需求量等于供给量。如果价格受到管制，则在这个价格下，供需缺口将持续存在，形成市场短缺。

虽说国内有日产一亿个口罩的能力，但实际产能受到原材料的限制。医用口罩核心面料是熔喷布，从过去不到两万元一吨上涨至三四十万元一吨，甚至原料供给有限，或者物流受限。

疫情期间，我国口罩需求量巨大，口罩要率先保障一线防疫人员需求。一次性口罩更换频繁，日消耗量巨大。我国有 14 亿人口，有 7 亿劳动者，每个人每天用一个口罩都需要消耗 7 亿个。

各单位、家庭大量囤积口罩。很多学校、工厂、机关单位要备上一批口罩。企业复工后，要囤积大量储备口罩。个别不法商人趁着口罩紧缺，故意囤货，待价而沽。

我国还要出口大量口罩支援一些友好国家抗击疫情，海外很多国家急切需要中国口罩来救急。

（二）供过于求：最低工资法

最低工资标准是指劳动者在法定工作时间或依法签订的劳动合同约定的工作时间内提供了正常劳动的前提下，用人单位依法应支付的最低劳动报酬。省、自治区、直辖市范围内的不同行政区域可以有不同的最低工资标准。最低工资标准一般采取月最低工资标准和小时最低工资标准的形式。月最低工资标准适用于全日制就业劳动者，小时最低工资标准适用于非全日制就业劳动者。截至 2019 年年底，上海、北京、广东、天津、江苏、浙江最低工资标准超过 2 000 元。其中，上海月最低工资标准达 2 420 元，为全国最高（见表 2-1）。北京小时最低工资标准为 24 元，居全国之首（见表 2-2）。

如果最低工资标准高于市场均衡工资水平，则执行最低工资标准会导致劳动力供给大于需求，从而滋生失业。如果最低工资标准低于市场均衡工资水平，则最低工资法不存在限制作用。

表 2-1　月最低工资标准　　单位：元

地　区	标准实行日期	月最低工资标准				
		第一档	第二档	第三档	第四档	第五档
北　京	2018.09.01	2 120				
天　津	2017.07.01	2 050				
河　北	2016.07.01	1 650	1 590	1 480	1 380	
山　西	2017.10.01	1 700	1 600	1 500	1 400	
内蒙古	2017.08.01	1 760	1 660	1 560	1 460	
辽　宁	2018.01.01	1 620	1 420	1 300	1 120	
吉　林	2017.10.01	1 780	1 680	1 580	1 480	
黑龙江	2017.10.01	1 680	1 450	1 270		
上　海	2018.04.01	2 420				
江　苏	2018.08.01	2 020	1 830	1 620		
浙　江	2017.12.01	2 010	1 800	1 660	1 500	
安　徽	2018.11.01	1 550	1 380	1 280	1 180	
福　建	2017.07.01	1 700	1 650	1 500	1 380	1 280
江　西	2018.01.01	1 680	1 580	1 470		
山　东	2018.06.01	1 910	1 730	1 550		
河　南	2018.10.01	1 900	1 700	1 500		
湖　北	2017.11.01	1 750	1 500	1 380	1 250	
湖　南	2017.07.01	1 580	1 430	1 280	1 130	
广　东	2018.07.01	2 100	1 720	1 550	1 410	
其中：深圳	2018.07.01	2 200				
广　西	2018.02.01	1 680	1 450	1 300		
海　南	2018.12.01	1 670	1 570	1 520		
重　庆	2019.01.01	1 800	1 700			
四　川	2018.07.01	1 780	1 650	1 550		
贵　州	2017.07.01	1 680	1 570	1 470		
云　南	2018.05.01	1 670	1 500	1 350		
西　藏	2018.01.01	1 650				
陕　西	2017.05.01	1 680	1 580	1 480	1 380	
甘　肃	2017.06.01	1 620	1 570	1 520	1 470	
青　海	2017.05.01	1 500				
宁　夏	2017.10.01	1 660	1 560	1 480		
新　疆	2018.01.01	1 820	1 620	1 540	1 460	

表 2-2　小时最低工资标准　　单位：元

地　区	标准实行日期	小时最低工资标准				
		第一档	第二档	第三档	第四档	第五档
北　京	2018. 09. 01	24				
天　津	2017. 07. 01	20. 8				
河　北	2016. 07. 01	17	16	15	14	
山　西	2017. 10. 01	18. 5	17. 4	16. 3	15. 2	
内蒙古	2017. 08. 01	18. 6	17. 6	16. 5	15. 5	
辽　宁	2018. 01. 01	16	14	11. 8	10. 6	
吉　林	2017. 10. 01	17	16	15	14	
黑龙江	2017. 10. 01	16	13	12		
上　海	2018. 04. 01	21				
江　苏	2018. 08. 01	18. 5	16. 5	14. 5		
浙　江	2017. 12. 01	18. 4	16. 5	15	13. 6	
安　徽	2018. 11. 01	18	16	15	14	
福　建	2017. 07. 01	18	17. 5	16	14. 6	13. 6
江　西	2018. 01. 01	16. 8	15. 8	14. 7		
山　东	2018. 06. 01	19. 1	17. 3	15. 5		
河　南	2018. 10. 01	19	17	15		
湖　北	2017. 11. 01	18	16	14. 5	13	
湖　南	2017. 07. 01	15	13. 4	12. 4	11. 6	
广　东	2018. 07. 01	20. 3	16. 4	15. 3	14	
其中：深圳	2018. 07. 01	20. 3				
广　西	2018. 02. 01	16	14	12. 5		
海　南	2018. 12. 01	15. 3	14. 4	14		
重　庆	2019. 01. 01	18	17			
四　川	2018. 07. 01	18. 7	17. 4	16. 3		
贵　州	2017. 07. 01	18	17	16		
云　南	2018. 05. 01	15	14	13		
西　藏	2018. 01. 01	16				
陕　西	2017. 05. 01	16. 8	15. 8	14. 8	13. 8	
甘　肃	2017. 06. 01	17	16. 5	15. 9	15. 4	
青　海	2017. 05. 01	15. 2				
宁　夏	2017. 10. 01	15. 5	14. 5	13. 5		
新　疆	2018. 01. 01	18. 2	16. 2	15. 4	14. 6	

（三）非洲猪瘟与猪肉价格上涨

自 2018 年 8 月 3 日辽宁省沈阳市确诊我国境内首例非洲猪瘟疫情以来，短短几个月，包括黑龙江、河南、江苏、浙江、安徽、内蒙古、吉林、天津、湖南、云南、贵州、山西、重庆、四川、广东等多个省（自治区、直辖市）均发现有非洲猪瘟疫情。截至 2018 年 12 月 14 日，全国共有 22 个省（自治区、直辖市）发生 87 起家猪感染非洲猪瘟疫情、2 起野猪感染非洲猪瘟疫情。截至 2019 年 6 月 30 日，全国共有 31 个省（自治区、直辖市）发生非洲猪瘟疫情 143 起，其中家猪感染非洲猪瘟疫情 140 起，野猪疫情 3 起。

非洲猪瘟是一种急性、出血性、烈性传染病。世界动物卫生组织将其列为法定报告动物疫病，也是我国重点防范的一类动物疫情。其特征是发病过程短，最急性和急性感染死亡率高达 100%。非洲猪瘟病毒一般由口腔及上呼吸道入侵猪体，或者由带毒软蜱叮咬传播。疫区的猪肉、肉制品、国际机场、海港等地的猪肉残留物均可能携带该病毒。

2017 年 9 月 20 日，农业部印发了《非洲猪瘟疫情应急预案》。2019 年 2 月，农业农村部印发了《非洲猪瘟疫情应急实施方案（2019 版）》。2019 年 7 月 3 日，《国务院办公厅关于加强非洲猪瘟防控工作的意见》发布。该意见明确对疫区内生猪全部进行扑杀、消毒和无害化处理，对疫区内的存栏生猪进行严格隔离并开展实验室检测，病原学检测为阳性的场点必须进行扑杀，阴性的场点要彻底排除疫情扩散的风险后，方可继续饲养或进行屠宰。该意见要求严格限制生猪产品由高风险区向低风险区调运。疫情发生所在地县级以上兽医主管部门报请本级人民政府对疫区实行封锁，由当地人民政府依法发布封锁令。跨行政区域发生疫情时，由有关行政区域共同的上一级人民政府对疫区实行封锁，或者由各有关行政区域的上一级人民政府共同对疫区实行封锁。必要时，上级人民政府可以责成下级人民政府对疫区实行封锁。农业农村部数据显示，自 2018 年 8 月以来，截至 2019 年 7 月底，全国扑杀非洲猪瘟生猪 116 万余头。

由于非洲猪瘟对生猪的杀伤力，生猪养殖大受打击，养殖户害怕风险，普遍持谨慎态度，不愿意加大补栏力度。养殖生猪的散户退出停养，以河南省为例，年出栏 500 头以下的散户 2019 年第二季度同比减少 33%。2019 年 6 月，生猪存栏同比下降 25. 8%，母猪存栏同比下降 26. 7%，一半以上省份的生猪产能下降 25%以上。

生猪产能下降，可以预期（见图 2-4），国内猪肉供给将趋于紧张，猪肉价格将不断走高。直到生猪产能逐步恢复，补上产能缺口，才会出现猪肉价格回落迹象。

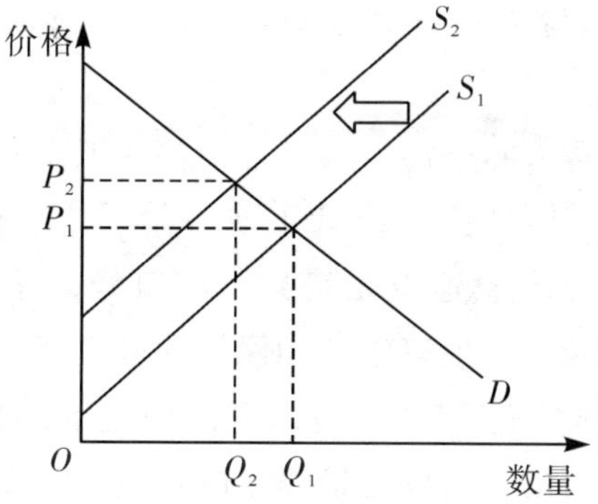

图 2-4 猪肉价格上涨

（四）环保禁养令与猪价走高

我国加强了自然资源和生态环境的保护，“青山绿水就是金山银山”的理念深入人心。2001 年，国家环保总局制定的《畜禽养殖污染防治管理办法》对划定禁养区做出了规定。2013 年，国务院出台的《畜禽规模养殖污染防治条例》第十一条规定：“禁止在下列区域内建设畜禽养殖场、养殖小区：（一）饮用水水源保护区，风景名胜区；（二）自然保护区的核心区和缓冲区；（三）城镇居民区、文化教育科学研究区等人口集中区域；（四）法律、法规规定的其他禁止养殖区域。”

2015 年 8 月 10 日，农业部办公厅印发了《农业部办公厅关于配合做好畜禽养殖禁养区划定工作的通知》。划定禁养区的首要目的在于防范环境风险。规模化养殖场粪尿产生量大，散发的恶臭气体会影响生产生活环境，因此在城镇居民区等人口集中区禁止建设规模以上养殖场。此外，为了防止破坏风景名胜区景观、环境和自然保护区的生态系统，国家禁止在自然保护区的核心区和缓冲区以及风景名胜区建设规模养殖场。

“禁养令”在 2017 年就已经宣布实施了。到了 2018 年，监控更为严格。2015 年 5 月 11 日，四川省环保厅和农业厅联合下发《关于贯彻落实环境保护法加强畜禽养殖污染防治工作的意见》，要求禁养区范围内已建成的畜禽养殖场、养殖小区（户），必须限期搬迁；限养区严格控制畜禽养殖场数量和规模，不得新建、扩建，逐步关闭不符合环保和动物防疫条件的小型畜禽养殖场；限养区和适养区内，未完善治污设施的畜禽养殖场，须在 2015 年内完善污染综合整治工程措施。安徽省农委等部门出台意见，提出 2016 年

6月底前，各县（市、区）政府要完成畜禽养殖禁养区划定。2017年年底前，禁养区内的养殖场将依法关闭或搬迁。2017年2月，湖南省宁乡县发布了《关于禁养区内畜禽养殖场限期退出养殖的公告》，3月14日，宁乡县正式启动禁养区内畜禽养殖退出执法行动，逐一对禁养区内畜禽养殖场下达责令停止排污决定书。

一些地方在治理畜禽养殖污染的过程中存在工作方式简单化、片面化的问题，如盲目扩大禁养区范围，或者采取一禁了之、一拆了之的简单化方式，有的地方甚至提出了“建设无猪县”的口号，导致部分养殖场农户的利益受到损害，没有处理好生猪生产和保护环境之间的关系。

“禁养令”在全国实施开来以后，可以预见的结果是，生猪生产将减少。某省万头以上的规模养殖场在禁养区内就被拆除27个，影响了40多万头的出栏量。按照经济学的规律，生产和供给减少，可以预见，生猪的价格在未来将走高。

2019年我国生猪存栏量出现断崖式下跌，2019年我国猪肉总产量可能下降15%~20%，即猪肉总产量将减少800万~1 000万吨。商务部数据显示，2019年8月26日至9月1日，猪肉批发价格为每千克34.59元，环比上涨8.9%，连续第13周上涨。来自中国养猪网的数据显示，2019年9月3日，全国外三元生猪价格均价为27.13元/千克，相比6个月前，价格已经翻倍（见图2-5）。猪粮比突破6∶1的盈亏平衡点，达到13.56∶1①。

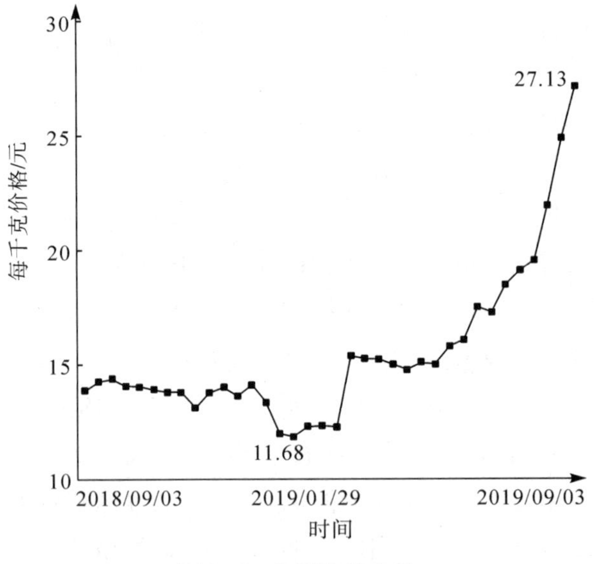

图2-5　生猪价格走势

① 21世纪经济报道. 全国猪价地图出炉 养一头猪究竟能赚多少钱?［EB/OL］.（2019-09-04）［2021-06-30］. sohu.com/a/338683230_100192984.

（五）投放中央储备猪肉

据商务部网站消息，2019 年 9 月 19 日，商务部会同国家发展改革委、财政部等部门开展中央储备肉投放工作，共向市场投放中央储备猪肉 10 000 吨，增加猪肉市场供给，保障国庆节期间肉类供应。2019 年 9 月初，国家已向市场投放中央储备牛肉 2 400 吨，羊肉 1 900 吨。

2019 年，中国猪肉价格上涨较快，市场消费需求有所下降，肉类进口大幅增加，冷冻肉库存保持较高水平，市场供应总体有保障。据商务部监测，猪肉价格涨幅趋缓，2019 年 9 月 18 日全国重点批发市场猪肉平均批发价格较前一日上涨 0.1%，比 2019 年 9 月 10 日上涨 1.3%，日均涨幅比 8 月下旬回落 0.8 个百分点。下一步，商务部将继续密切关注猪肉市场供求和价格变化情况，加强预测预警分析、强化产销衔接，会同有关部门继续适时投放中央储备肉，保障猪肉市场供应。

据澎湃新闻 2020 年 6 月 24 日消息，国家发展改革委会同有关部门于 2020 年 6 月 23 日下午指导华商储备商品管理中心顺利组织了春节后第十八批中央冻猪肉储备投放，共计成交 19 483.7 吨，平均成交价为 20 703.43 元/吨。国家发展改革委表示，此次中央冻猪肉储备投放，有利于增加猪肉市场供应，抑制价格过快上涨。今后一段时间，国家发展改革委将会同有关部门继续密切关注生猪和猪肉市场形势变化，适时组织竞价投放中央冻猪肉储备①。

（六）多部门“组合拳”促生猪稳产保供

2019 年，受多重因素叠加影响，猪肉价格出现明显上涨。“猪粮安天下。”农业农村部副部长于康震在 2019 年 9 月 11 日举行的稳定生猪生产、保障市场供应有关情况发布会上，强调了猪肉在居民消费中的重要地位。

2019 年 8 月 21 日召开的国务院常务会议上明确了稳定生猪生产，保障猪肉供应，事关“三农”发展、群众生活和物价稳定；确定了五项稳定生猪生产和猪肉保供稳价措施。措施具体包括综合施策恢复生猪生产，加快非洲猪瘟强制扑杀补助发放，引导有效增加生猪存栏量；地方要立即取消超出

---

① 陈凌瑶. 国家发改委：春节后第十八批中央冻猪肉储备投放完成［EB/OL］.（2020-06-24）［2021-06-30］. thepaper.cn/newsDetail_forward_7986760.

法律法规的生猪禁养、限养规定；发展规模养殖，支持农户养猪；加强动物防疫体系建设，提升疫病防控能力；保障猪肉供应，增加地方猪肉储备。2019 年 8 月 30 日，全国稳定生猪生产保障市场供应电视电话会议在北京召开。国务院副总理胡春华在会上强调，要迅速采取有力措施稳定恢复生猪生产，确保猪肉供应和市场价格基本稳定。农业农村部、国家发展改革委、财政部、自然资源部、生态环境部、交通运输部、银保监会等部门频频出手，部署多项针对性政策措施。

重启仔猪运输绿色通道。2019 年 8 月底，交通运输部联合农业农村部印发《关于对仔猪及冷鲜猪肉恢复执行鲜活农产品运输“绿色通道”政策的通知》，提出从 2019 年 9 月 1 日起，对整车合法运输仔猪及冷鲜猪肉的车辆，恢复执行鲜活农产品运输“绿色通道”政策。同时，在 2019 年 9 月 1 日至 2020 年 6 月 30 日期间，对整车合法运输种猪及冷冻猪肉的车辆，免收车辆通行费。

鼓励养猪，生猪保额提升，解决用地难题。2019 年 9 月 4 日，国务院常务会议再次聚焦生猪产业，并要求落实猪肉保供稳价措施。财政部办公厅、农业农村部办公厅联合发布《财政部办公厅 农业农村部办公厅关于支持做好稳定生猪生产保障市场供应有关工作的通知》，确保做好稳定生猪生产保障市场供应有关工作，落实非洲猪瘟强制扑杀补助政策，完善种猪场、规模猪场临时贷款贴息政策，加大生猪调出大县奖励力度。2019 年中央财政适当增加生猪调出大县奖励资金规模。

自然资源部办公厅也于 2019 年 9 月 4 日发布通知，紧急出台了生猪养殖用地政策，保障生猪养殖用地需求。具体措施包括生猪养殖用地作为设施农用地，按农用地管理，不需要办理建设用地审批手续，允许生猪养殖用地使用一般耕地，作为养殖用途不需耕地占补平衡；增加附属设施用地规模，取消 15 亩上限规定，保障生猪养殖生产的废弃物处理等设施用地需要；鼓励利用荒山、荒沟、荒丘、荒滩和农村集体建设用地安排生猪养殖生产等。自然资源部切实保障生猪生产的用地需求，做到应保尽保。

2019 年 9 月 5 日，生态环境部、农业农村部联合印发通知，要求进一步规范畜禽养殖禁养区划定和管理，促进生猪生产发展。具体措施包括依法科学划定禁养区，除人口集中区域及法律法规规定的其他禁止养殖区域之外，不得划定禁养区；各地组织开展禁养区划定情况排查，对以改善生态环境为由，违反法律法规规定限制养猪业发展或压减生猪产能的情况，一并排查；取消排查中发现的超出法律法规的禁养规定和超划的禁养区；对禁养区内关停需搬迁的规模化养殖场户，优先支持异地重建，对符合环保要求的畜禽养殖建设项目，加快环评审批等。

农机补贴应补尽补，对种猪场不得盲目抽贷。2019 年 9 月 6 日，农业农村部办公厅发布通知，提出优化农机购置补贴范围，实行应补尽补。具体措施包括将全国农机购置补贴机具种类范围内的所有适用于生猪生产的机具品目原则上全部纳入本省补贴范围；对生猪养殖场（户）购置自动饲喂、环境控制、疫病防控、废弃物处理等农机装备应补尽补；对生猪养殖场（户）申领补贴优先办理、优化服务、提高效率，有条件的地方要组织上门服务。

中国银保监会、农业农村部联合印发通知，要求加大信贷支持力度，对符合授信条件但暂时遇到经营困难的种猪场、生猪养殖场及屠宰加工企业，要做好相关金融服务，不得盲目限贷、抽贷、断贷；完善生猪政策性保险政策，提高能繁母猪、育肥猪保险保额，暂时将能繁母猪保险保额从 1 000~1 200 元增加至 1 500 元、育肥猪保险保额从 500~600 元增加至 800 元，并持续开展并扩大生猪价格保险试点；拓宽抵（质）押品范围。

异地重建猪场可以获一次性补助，最高补助 500 万元。2019 年 9 月 9 日，国家发展改革委办公厅、农业农村部办公厅联合发布通知，要求实施生猪规模化养殖场建设补助项目。国家对 2020 年年底前新建、改扩建种猪场、规模猪场（户），禁养区内规模养猪场（户）异地重建等给予一次性补助，主要支持生猪规模化养殖场和种猪场建设动物防疫、粪污处理、养殖环境控制、自动饲喂等基础设施建设。国家根据下达的中央预算内投资规模，因地制宜确定建设数量，科学设置分档补助标准。中央补助比例原则上不超过项目总投资的 30%，最低不少于 50 万元，最高不超过 500 万元①。

多渠道结合，解决猪肉价格上涨难题。国家合理把握冻猪肉储备投放节奏和力度，多渠道供应销售猪肉；及时启动社会救助和保障标准与物价上涨挂钩联动机制，有效保障困难群众基本生活；统筹利用国际国内两个市场、两种资源，更好地保障市场供应。商务部将密切跟踪市场动态，会同相关部门适时投放中央储备冻猪肉和牛羊肉，增加肉类市场供应。同时，商务部还

---

① 陈凌瑶，徐路易. 近 3 周连开 3 场高级别会议发 8 大通知，官方力促生猪生产恢复［EB/OL］.（2019-09-13）［2021-06-30］. thepaper.cn/newsDetail_forward_4409368.

将按照市场化的原则，继续鼓励扩大猪肉进口。国家发展改革委向各地发出提示函，督促及时启动联动机制，按照时限要求，将价格临时补贴发放到困难群众手中①。

（七）各地出台生猪稳产政策

《国务院办公厅关于稳定生猪生产促进转型升级的意见》强调，各省（自治区、直辖市）人民政府对本地区稳定生猪生产、保障市场供应工作负总责，主要负责人是第一责任人②。

山东省出台系列政策稳定猪肉价格。山东省在生猪养殖保险、种猪场直补、生猪养殖屠宰企业贴息、担保等方面出台一系列稳定生猪生产的政策措施，稳定猪肉价格。在生猪养殖保险方面，山东省对生猪养殖主体育肥猪和能繁母猪保险保费给予补贴，并提高保障额度，能繁母猪保险费 72 元/头，保险金额 1 200 元/头；育肥猪保险费 48 元/头，保险金额 800 元/头。保费由农户自行承担 20%，剩余部分各级财政承担。山东省暂时提高能繁母猪保险保额，将能繁母猪保额增加至 1 500 元，政策实施期限自 2019 年 5 月 1 日起至 2020 年 12 月 31 日止。种猪场直补方面，山东省对全省（不含青岛市）45 家一级种猪场给予临时性生产补助。补助资金用于弥补饲养成本、疫病防控所需人工及材料、药品、设备器械购置、种猪选育等，稳定现有种猪规模，为后期顺利恢复生产奠定基础。在生猪养殖屠宰企业贴息方面，在山东省内，只要具有种畜禽生产经营许可证的种猪场（含地方猪保种场），年出栏 5 000 头以上的规模猪场，取得排污许可证、动物防疫条件合格证、生猪定点屠宰证书并合法公布的规模以上生猪屠宰加工企业，都是贴息对象。山东省还放宽政策性农业信贷担保规定，将 2019 年 5 月 28 日至 2019 年 10 月 31 日期间，种猪场和规模猪场贷款规模在 300 万～1 000 万元的担保项目一并纳入政策性担保范围，享受担保费率补助政策。

四川省出台促进生猪生产保障市场供应九条措施。一是完善现代生猪良繁体系，大力推进生猪标准化养殖；二是优化国土空间规划，切实落实生猪产业发展用地；三是强化重大动物疫病防控，切实提升生物安全水平；四是

① 于杨. 多部门打出“组合拳”平抑肉价过快上涨［EB/OL］.（2019-09-12）［2021-06-30］. http://www.xinhuanet.com/fortune/2019-09/12/c_1210277389.htm.

② 岳怀让. 生猪稳产保供，这些省份的“第一责任人”已担起重任［EB/OL］.（2019-09-13）［2021-06-30］. baijiahao.baidu.com/s? id=1644523451827440937&wfr=spider&for=pc.

全面推进种养结合，深入开展畜禽粪污资源化利用；五是加强生猪屠宰监管，大力推进屠宰加工业转型升级；六是严格落实“菜篮子”市长负责制，健全猪肉市场供应保障机制；七是统筹财政金融保险扶持政策，强化生猪生产资金保障；八是认真落实动物防疫责任，严厉打击违规违法行为；九是健全动物防疫体系，加强基层畜牧兽医队伍建设。

重庆市对年出栏 5 000 头以上猪场给予短期贷款贴息支持。重庆市财政局、重庆市农业农村委联合印发生猪养殖企业流动资金贷款贴息方案，对具有种畜禽生产经营许可证的种猪场（含地方猪保种场）及年出栏 5 000 头以上的规模猪场给予短期贷款贴息支持。此次贴息范围重点是相关企业用于购买饲料、母猪、仔猪等方面的生产流动资金。贴息时间从 2018 年 8 月 1 日至 2020 年 7 月 31 日，每年度安排一次。重庆市要求重庆市农业融资担保集团有限公司充分发挥政策性功能，积极为种猪场（含地方猪保种场）和年出栏 5 000 头以上的规模猪场提供信贷担保服务。

广西壮族自治区下发《关于打赢打好非洲猪瘟防控攻坚战、稳定生猪生产保障肉类市场供应的意见》，严格落实“菜篮子”市长负责制，实行生猪生产红线制度，将生猪供应 100% 自给纳入“菜篮子”市长负责制考核；尽快恢复生猪生产，组织技术专家团队深入县乡开展技术培训指导，支持和鼓励规模猪场按照防控非洲猪瘟要求进行升级改造，加快补栏增养，鼓励屠宰加工产能向养殖集中区布局，推进养殖、屠宰和加工全产业链发展；做好冻猪肉储备，适时启动生猪价格调控预案，减少生猪价格波动幅度，稳定猪肉市场供应；发展禽肉等替代肉产品生产，积极发展生产周期短、替代性强的优质家禽产业，优化肉类供给结构。

湖南省对新建、改扩建生猪养殖场实行并联审批。湖南省政府办公厅印发《关于促进生猪生产保障市场供应的政策措施》，出台 12 条具体措施，包括严格落实“菜篮子”市长负责制，将各市（州）最低生猪出栏量纳入“菜篮子”市长负责制考核；大力推进生猪产业转型升级，培育区域性全产业链龙头企业，促进现代屠宰和冷链物流体系建设；支持生猪规模养殖场标准化建设，对新建、改扩建生猪养殖场实行并联审批，简化审批流程，压减用地审核备案时间；落实用地保障措施，允许生猪养殖用地使用一般耕地，用作养殖用途不需占补平衡，生产结束后应复垦为耕地；保障肉品市场供应，建立猪肉市场保供稳价机制，恢复执行鲜活农产品运输“绿色通道”

政策；加大金融支持力度，对种猪场和年出栏5 000头以上的规模猪场，积极提供融资担保服务；加大财政资金投入，对畜禽养殖废弃物、病死畜禽无害化处理和资源化利用等补贴范围内农机购置，实行敞开补贴等。

云南省运输生猪及生猪产品从指定道口入滇。云南省规范跨省生猪及生猪产品调运监管，切实防范非洲猪瘟等重大动物疫情风险。运输生猪及生猪产品进入云南境内的，随车携带产地有关部门出具的检疫合格证等材料，从指定道口运入，并接受指定道口动物卫生监督检查站的防疫监督检查，包括查证、验物、消毒以及信息登记追溯等，检查合格并取得指定道口动物卫生监督检查站检查签章后方可进入云南省境内。

福建省对合规生猪运输车洗消中心“先建后补”。福建省政府发布《关于稳定生猪生产保障市场供应十条措施的通知》，福建对达标排放的种猪场和年出栏2 000头以上规模养猪场流动资金贷款给予2%的贴息支持；对规范建设的生猪运输车辆洗消中心，采取先建后补方式给予10万~20万元补贴；探索将土地经营权、养殖圈舍、大型养殖机械、生猪活体等纳入抵质押物范围。

浙江省规模养殖场引进种猪，每头临时补贴500元。浙江省政府发布《关于进一步促进生猪生产保障市场供应的通知》，支持浙江省商户在省外建立屠宰企业，支持屠宰企业、肉品流通企业、农贸市场共同建设冷链体系，加快推动“调猪”向“调肉”转变。省级以上财政对种猪场和年出栏5 000头以上规模猪场给予贴息补助，地方财政根据财力给予贴息。浙江省级财政对规模养殖场2019年7月1日至12月31日从本省种猪场引进的种猪，每头给予500元的临时补贴。

江西省要求各地用好生猪调出大县奖励、扑杀补助、无害化处理补贴、防控经费补助、能繁母猪和育肥猪保险等资金政策项目，支持生猪生产，恢复养殖信心。

江苏省下发的《关于促进生猪生产恢复发展有关扶持政策的通知》明确，对具有种畜禽生产经营许可证的种猪场（含地方猪保种场）和年出栏5 000头以上的规模猪场给予短期贷款贴息支持，并减免一定时期的担保费用。

河南省有关部门统筹使用3亿元的生猪调出大县奖励资金，重点支持“两场”完善基础设施和防疫条件；落实“两场”贷款贴息政策，对154家养猪企业给予 1.1 亿元的贴息补助。河南省财政安排 1.7 亿元资金，支持非畜牧大县生猪标准化建设①。

（八）取消超出法规的生猪禁养规定

2019 年，全国猪肉价格飞涨，创造历史新高。农业农村部监测数据显示，2018 年第四季度以来，我国生猪和能繁母猪的产能持续下降，猪肉市场供给偏紧的效应开始集中显现。2019 年 7 月，生猪存栏、能繁母猪存栏数量比 2018 年同期分别下降 32.2%、31.9%。2019 年 9 月 3 日，全国外三元生猪价格均价为 27.13 元/千克，相比 6 个月前，已经翻倍。

民以食为天，菜篮子是民生工程。为尽快恢复生猪产能，刺激养殖户的生产积极性，2019 年 8 月 21 日，国务院常务会议提出五个方面的举措稳定生猪生产，即取消超出法律法规的生猪禁养、限养规定，发展规模养殖，支持农户养猪，加强动物防疫体系建设，保障猪肉供应。

国务院常务会议提出，稳定生猪生产，保障猪肉供应，事关“三农”发展、群众生活和物价稳定。会议确定，综合施策恢复生猪生产；加快非洲猪瘟强制扑杀补助发放，采取多种措施加大对生猪调出大县和养殖场（户）的支持，引导有效增加生猪存栏量；将仔猪及冷鲜猪肉运输纳入“绿色通道”政策范围，降低物流成本。会议明确要求，地方要立即取消超出法律法规的生猪禁养、限养规定；对依法划定的禁养区内关停搬迁的养殖场（户），要安排用地支持异地重建；发展规模养殖，支持农户养猪；取消生猪生产附属设施用地 15 亩的上限②。

生态环境部、农业农村部联合部署坚决迅速取消超划的禁养区，各地要严格落实《中华人民共和国畜牧法》《畜禽规模养殖污染防治条例》等法律法规对禁养区划定的要求，依法科学划定禁养区。除饮用水水源保护区，风景名胜区，自然保护区的核心区和缓冲区，城镇居民区、文化教育科学研究区等人口集中区域及法律法规规定的其他禁止养殖区域之外，不得划定禁养区。国家法律法规和地方法规之外的其他规章和规范性文件不得作为禁养区的划定依据。

---

① 徐路易，陈凌瑶，张唯. 天南地北各出硬招！人均猪肉消费前十的省份如何力保供应？[EB/OL].（2019-09-14）[2021-06-30]. thepaper.cn/newsDetail_forward_4426221.

② 胡璐，于文静. 国务院常务会议提出五方面举措稳定生猪生产 [EB/OL].（2019-08-21）[2021-06-30]. baijiahao.baidu.com/s? id=1642488811712737564&wfr=spider&for=pc.

对禁养区内关停需搬迁的规模化养殖场户，国家优先支持异地重建。对符合环保要求的畜禽养殖建设项目，国家加快环评审批。国家加强对养殖场户畜禽养殖污染防治的技术指导与帮扶，畅通畜禽粪污资源化利用渠道。对确需关闭的养殖场户，国家给予合理过渡期，避免清理代替治理，严禁采取“一律关停”等简单做法①。

（九）养猪利润高时该进场吗？

据国家统计局2019年9月4日公布的数据，截至2019年8月底，生猪的价格涨到了每千克27元。那么按这个价格，养猪的利润有多大？

据搜猪网分析师冯永辉测算，按照这个生猪市场价格测算，养殖户头均盈利可能超过1 400元，创历史新高。首先，母猪生一头仔猪带来的成本大约在300元；其次，一头仔猪养到200斤出栏需要150天，全过程总共花费500~600斤饲料，饲料成本不到1 000元；最后，加上固定资产折旧等杂项成本，一头出栏生猪的成本总计大约在1 300~1 400元。当期一头200斤的生猪可以卖到2 700元，一头生猪大约可以获得1 300~1 400元的盈利。当然，这只是一个粗略的估算，成本核算中没有包括人工成本，也没有包含防疫成本、保险成本，收益也要考虑是否有政府的补贴。

在猪价走高而成本相对较低的情况下，养猪的盈利相当可观。那么在当前这个时点“进场”养猪，是不是一个合适的选择呢？如果当前疫情等因素能够得到控制，那么养猪毫无疑问将会有利可图②。主要考虑的是养猪风险，一旦疫情暴发，可能颗粒无收。针对养猪疫情风险，生猪保险市场可以平抑风险，增强生猪养殖风险抵御能力，调动生猪养殖场（户）恢复生猪生产。

另外，入场养猪，还面临市场波动的风险，养仔猪到出栏要五个月左右，这五个月期间，生猪的存栏量是否得到有效恢复？还要考虑猪肉进口因素，政府会不会加大猪肉进口规模？如果生猪存栏量上升或猪肉进口量增加，生猪价格就可能回落。

---

① 生态环境部. 生态环境部、农业农村部联合部署 严格规范禁养区划定和管理［EB/OL］.（2019-09-05）［2021-06-30］. mee.gov.cn/xxgk2018/xxgk/xxgk15/201909/t20190905_732605.html.

② 李可愚. 走，养猪去！两部门力挺，国务院发声：落实猪肉保供稳价，专家测算目前一头猪最高盈利可达1400元［EB/OL］.（2019-09-04）［2021-06-30］. baijiahao.baidu.com/s? id=1643751705172078561&wfr=spider&for=pc.

猪肉价格具有明显的周期性，波峰之后，必有波谷。在市场的利好和政策激励双重作用下，生猪生产必定是扩大的，猪肉价格企稳甚至下滑，只是时间问题。

（十）生猪生产恢复持续向好，猪肉价格下降

2019 年 12 月 6 日，农业农村部《加快生猪生产恢复发展三年行动方案》出炉，被称为“史上最强”的生猪生产恢复政策，全方位加大养猪扶持力度。该方案制定了生产恢复目标：2019 年要尽快遏制生猪存栏下滑势头，确保 2019 年年底前止跌回升，确保 2020 年元旦春节和全国“两会”期间猪肉市场供应基本稳定；确保 2020 年年底前产能基本恢复到接近常年的水平，2021 年恢复正常。

东北地区、黄淮海地区、中南地区（辽宁、吉林、黑龙江、河北、安徽、河南、山东、江西、湖南、湖北、广西）为生猪及产品调出区，要为全国稳产保供大局做出贡献，实现稳产增产。

东南沿海地区（天津、江苏、浙江、广东、福建）为主销区，自给率要达到并保持在 70%左右。

北京、上海等特大城市要通过跨区合作建立养殖基地等方式保证掌控猪源达到消费需求的 70%。

西南地区、西北等地区（内蒙古、山西、海南、四川、重庆、贵州、云南、西藏、陕西、甘肃、青海、宁夏、新疆）为产销平衡区，要确保做到基本自给。

该方案有多项利好生猪产业链的重点任务。一是落实生猪规模化养殖场建设补助项目。二是加大农机购置补贴支持力度，指导地方对生猪养殖场户购置自动饲喂、环境控制、疫病防控、废弃物处理等农机装备实行应补尽补。三是保障养殖用地，配合自然资源部门落实生猪养殖用地按农用地管理政策，不需办理建设用地审批手续，简化用地程序，提高用地取得效率。四是帮扶中小养殖户恢复生产。五是加快推进粪污资源化利用。到 2020 年年底，全国畜禽粪污综合利用率达到 75%以上，规模养殖场粪污治理设施装备配套率达到 95%以上。六是规范生猪屠宰加工企业发展①。

① 经济日报.“史上最强”生猪复产政策出炉！肉价连降 4 周，香肠腊肉做起来［EB/OL］.（2019-12-06）［2021-06-30］. baijiahao.baidu.com/s? id=1652170330210595332&wfr=spider&for=pc.

从监测数据看，生猪生产的重要指标都出现了积极变化。一是全国能繁母猪存栏首次止降回升，意味着生猪基础产能已经开始恢复。二是规模养猪场生产恢复快。全国年出栏 5 000 头以上的规模猪场生猪存栏和能繁母猪存栏已连续环比增长。三是生猪生产恢复面不断扩大。东北地区、西北地区和黄淮海地区生猪恢复比较快，黑龙江、陕西、河南、吉林、山东、安徽等 12 个省份生猪存栏止降回升。西南地区、华南地区产能下滑也趋缓。总体来看，能繁母猪存栏回升，生猪存栏下降也基本见底①。

环球网 2020 年 4 月 19 日报道，从 2020 年第一季度的情况来看，生猪生产恢复持续向好，能繁母猪存栏继续保持环比增长，增幅 2.8%，连续第六个月增长。新生仔猪继续保持增加，增幅 7.3%，是连续第二个月增长。生猪的存栏环比增长了 3.6%，也是连续第二个月增长。猪肉价格连续 7 周下降，与 2020 年 2 月创的高点相比，降幅达到 9.7%②。

截至 2020 年 5 月底，生猪外三元价格连续三个月回落，从最高时 2 月份的 38.3 元/千克回落到 29.36 元/千克（见图 2-6）。

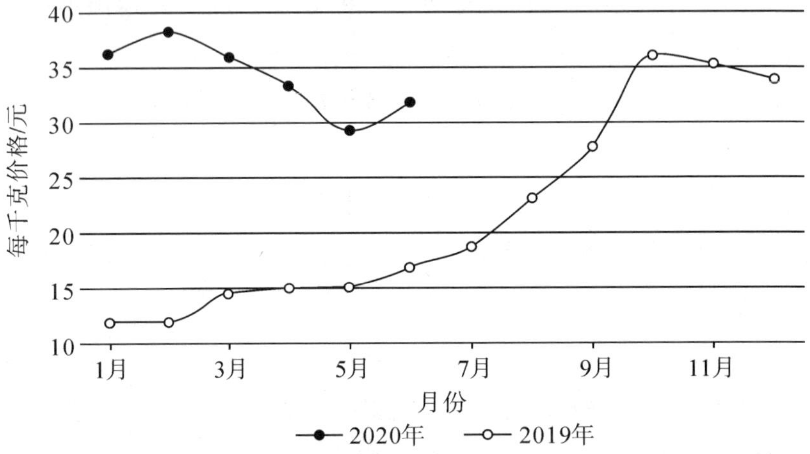

图 2-6　生猪外三元价格

---

① 鲍仁. 农业农村部：生猪生产呈现明显恢复势头［EB/OL］.（2019-12-03）［2021-06-30］. baijiahao.baidu.com/s? id=1651945589824909019 8&wfr=spider&for=pc.

② 孟亚旭. 农业农村部：生猪生产恢复持续向好，猪肉价格连续 7 周下降［EB/OL］.（2020-04-19）［2021-06-30］. baijiahao.baidu.com/s? id=1664387350870787181&wfr=spider&for=pc.

（十一）情人节那天的需求与供给

在全年中，人们都会购买贺卡和玫瑰花。但当情人节将近的时候，毫无疑问，贺卡和玫瑰花将变得很急需，这两种商品的需求将会大幅攀升。我们可以应用需求与供给分析：我们预期这两种商品的价格将会上升，但是玫瑰花价格的上升总是会比贺卡价格的上升幅度大，这是为什么呢？

我们通过考虑这两种商品市场供应上的价格弹性的区别，可以解释清楚这种现象。情人节那天的贺卡供应量比玫瑰花的供应量更加富有弹性。贺卡是一种可以储存的物品，因此生产者可以轻易地逐步增加产品并且在情人节前准备大量的存货。这就意味着贺卡的供应是相对有弹性的，因此增加了的需求对价格的影响不是那么显而易见。

相反，玫瑰花属于娇嫩的、容易凋谢的商品，只有在情人节临近那几天长成的玫瑰花才适合销售，增加在情人节那天的供应量相对来说是比较困难的。这就意味着，玫瑰花的供应量是相对缺乏弹性的，而紧接着发生的事情就不足为奇了，需求的增加将引起价格大幅上升。

要敬畏市场供求规律

猪肉基本上是一种必需品，我国对猪肉的消费数量庞大。年猪肉消费量达到5 000多万吨。我国猪肉进口量一般保持在猪肉消费量的2%左右。2017年，我国进口猪肉的数量在120万吨左右。我们不能让中国人的猪肉供给依靠外国。因此，稳定生猪生产是至关重要的事。2018—2019年，当非洲猪瘟在国内频频出现时，一些养猪户动摇了信心。加之环保督查对禁养区的划定和执行力度空前，一些县喊出了“建设无猪县”的口号，关停了很多环保不达标的养猪场甚至禁止农户养猪。结果可以预见，供给减少，价格上升，这是供求规律。如果禁养区实施力度不和非洲猪瘟叠加在一起，情形会有所好转。

第四节　市场管制

（一）猪肉限购与限价

限购商品数量在微观经济学上叫做数量限制，即限定消费者能够购买的数量。出于某种原因，制定价格的上限或价格的下限在微观经济学上叫做价格管制。

2019 年 8 月 31 日，南宁市发布《关于实施猪肉价格临时干预的通知》，从 2019 年 9 月 1 日起，实施猪肉价格临时干预措施，在主要农贸市场设点限量限价销售猪肉。限价猪肉包括精瘦肉、前后腿肉、五花肉、排骨，每位消费者每天购买不超过两斤。根据该通知的规定，南宁市在青秀区麻村农贸市场、华园农贸市场，兴宁区官塘农贸市场，江南区淡村农贸市场，西乡塘区北湖农贸市场、水街农贸市场，良庆区祥荣农贸市场，邕宁区和平农贸市场，南宁高新区位子渌农贸市场，南宁经开区荣宝华农贸市场 10 个市场设立定点摊位，猪肉价格按临时干预最高限价执行①。

（二）补贴猪肉销售

2019 年，为了应对猪肉价格上涨，各地启动了价格补贴联动机制，总计发放 20 多亿元，补贴困难群众 8 000 余万人次。

2019 年 9 月 21 日，澎湃新闻报道，河北省安排 1 000 万元用于猪肉补贴销售。为保障国庆期间猪肉市场供应，稳定猪肉价格，河北省商务厅印发《关于开展省级猪肉惠民补贴销售保障市场供应工作的通知》，在全省范围内组织开展猪肉惠民补贴销售活动。河北省共安排资金 1 000 万元用于该次猪肉补贴销售工作，补贴销售资金下达各市。河北省补贴销售时间为 9 月 25 日至 9 月 30 日，补贴销售品种为鲜猪肉。河北省各市按照公平、公正、公开、择优原则，选择 2 家以上社会责任感强、企业规模大、销售网络多的超市承办猪肉惠民补贴销售工作。补贴销售企业设立专区或专柜，悬挂

① 董小迪. 9 月起广西南宁每人每日限购 2 斤猪肉［EB/OL］.（2019-09-02）［2021-06-30］. baijiahao.baidu.com/s? id=1643552795915882758&wfr=spider&for=pc.

“河北省省级猪肉惠民补贴销售点”条幅，明示补贴销售价格、数量等信息①。

2019年，猪肉价格节节攀升。国家发展改革委指导各地落实价格补贴联动机制，向符合条件的困难群众发放价格临时补贴。针对猪肉价格上涨，海南省儋州市迅速出台多条措施，确保一般群众，特别是低收入群体生活不受猪肉价格影响。儋州市决定，从2019年9月开始，对城市低保、农村低保、特困供养人员、优抚对象、领取失业保险金人员、建档立卡未脱贫人口等低收入群体共3万多人，发放猪肉价格补贴，每人每月发放不低于100元补贴，后续发放标准根据猪肉价波动情况进行动态调整②。

（三）家电下乡补贴

家电下乡补贴是应对国际金融危机、惠农强农、带动工业生产、促进消费拉动内需的一项重要措施。据中国农业农村部网站对家电下乡补贴政策的介绍，家电下乡补贴政策实施时间统一暂定为4年。山东省、青岛市（计划单列市）、河南省、四川省执行到2011年11月底，内蒙古自治区、辽宁省、大连市（计划单列市）、黑龙江省、安徽省、湖北省、湖南省、广西壮族自治区、重庆市、陕西省执行到2012年11月底，其余22个省（自治区、直辖市和计划单列市）以及新疆生产建设兵团执行到2013年1月底。

家电下乡补贴产品共包括彩电、冰箱（含冰柜）、洗衣机、手机、电脑、热水器、空调、微波炉、电磁炉9大类。具体补贴标准是：彩电每台最高限价7 000元，3 500元（含）以下按销售价格的13%补贴，3 500~7 000元每台按455元定额补贴。冰箱（含冰柜）每台最高限价4 000元，2 500元（含）以下按销售价格的13%补贴，2 500~4 000元每台按325元定额补贴。手机每台最高限价2 000元，1 000元（含）以下按销售价格的13%补贴，1 000~2 000元每台按130元定额补贴。洗衣机每台最高限价3 500元，2 000元（含）以下按销售价格的13%补贴，2 000~3 500元每台按260元定额补贴。空调中，壁挂式空调每台最高限价3 500元，2 500元（含）以

① 岳怀让，王智．河北安排一千万元用于猪肉补贴销售，资金已下发各市［EB/OL］．(2019-09-21)［2021-06-30］．thepaper.cn/cn/newsDetail_forward_4485596.

② 儋州市人民政府网．本月起我市给低收入群体发放猪肉价格补贴［EB/OL］．(2019-09-12)［2021-06-30］．danzhougov.cn/danzhou/ywdt/jrdz/201909/t20190912_2667330.html.

下按销售价格的13%补贴，2 500~3 500元每台按325元定额补贴；落地式空调每台最高限价6 000元，4 000元（含）以下按销售价格的13%补贴，4 000~6 000元每台按520元定额补贴。电脑每台最高限价5 000元，3 500元（含）以下按销售价格的13%补贴，3 500~5 000元每台按455元定额补贴。热水器中，太阳能热水器每台最高限价5 000元，4 000元（含）以下按销售价格的13%补贴，4 000~5 000元每台按520元定额补贴；储水式热水器每台最高限价2 500元，1 500元（含）以下按销售价格的13%补贴，1 500~2 500元每台按195元定额补贴；燃气热水器每台最高限价3 500元，2 500元（含）以下按销售价格的13%补贴，2 500~3 500元每台按325元定额补贴。电磁炉每台最高限价1 000元，600元（含）以下按销售价格的13%补贴，600~1 000元每台按78元定额补贴。微波炉每台最高限价1 500元，1 000元（含）以下按销售价格的13%补贴，1 000~1 500元每台按130元定额补贴。在上述九类产品之外，各省（自治区、直辖市）可以根据本地农民需求选择一个新增品种纳入家电下乡政策实施范围，按销售价格的13%给予财政补贴，最高补贴限额由各省（自治区、直辖市）确定。

享受补贴的每类家电下乡产品每户农民限购2台（件）。补贴资金由中央财政和省级财政共同负担。其中，中央财政负担80%，省级财政负担20%。对新疆维吾尔自治区、内蒙古自治区、宁夏回族自治区、西藏自治区、广西壮族自治区5个少数民族自治区及“5·12”汶川地震51个重灾县，补贴资金全部由中央财政承担。国有农场、林场职工享受家电下乡补贴政策。

（四）香烟税

亚当·斯密在其1776年出版的《国富论》中提出，烟草制品是生活非必需品，同时又是被广泛消费的商品，可以成为征税的理想对象。几乎所有的国家都对烟草制品征税。尽管各国烟草税种不同、税率不一，但对烟草制品所征税收大都远远高于其他制品。之所以如此，一方面是因为烟草制品需求弹性较小，通过提高税收可以达到增加国家财政收入的目的；另一方面是因为烟草消费会带来健康风险并有一定的“负外部性”，通过运用税收政策工具可以达到限制和减少烟草消费的目的。

据世界卫生组织统计，全世界约有89%的国家对卷烟征收消费税。消费税一般分为从量税、从价税和混合税三种类型。从量消费税按卷烟的数量单位（如每包、每条、每支）征收固定数额。从量税对低价卷烟影响较大，对高价烟影响较小。纳税额以数量为基础，容易实施和管理，较少依赖烟草业定价政策。从价税按卷烟价格征收，如按照零售价、生产商价格（出厂价）的一定比例征收。征收从价税需要确定产品数量和价格，对税务管理能力和技术水平有较高的要求，较为依赖烟草业定价政策。混合消费税结合了从价税和从量税的优点。

世界卫生组织统计全球 186 个国家的香烟税，有 20 个国家不征收卷烟消费税，占比为 11%。有 166 个国家征收卷烟消费税，其中 56 个国家只对卷烟征收从量消费税，占比为 30%；50 个国家只征收从价消费税，占比为 27%；60 个国家对卷烟同时征收从量税和从价税，占比为 32%。

我国对卷烟采用混合消费税制，征收从量税和从价税。其中从量定额税率为 0.6 元/条（200 支）。从价税按卷烟调拨价实行差别税率。甲类卷烟，即每条调拨价格在 70 元（不含增值税）及以上的卷烟，税率为 56%。乙类卷烟，即每条调拨价格在 70 元（不含增值税）以下的卷烟，税率为 36%。我国还在卷烟批发环节征收从价税，税率为 5%，计税依据是批发卷烟的销售额（不含增值税）。

虽然我国卷烟零售价格低于世界平均水平，但卷烟税收占零售价格的比率高于世界平均水平。

（五）支持价格：制定生猪市场保护价格政策尚无法实施

2019 年 8 月 30 日，农业农村部发布对十三届全国人大二次会议第 5339 号建议的答复。其中，关于人大代表提出的“国家应制定生猪市场保护价格政策”的建议，农业农村部会同国家发展改革委、财政部进行了深入研究，各部门普遍认为实施这一政策面临的实际困难较大，目前尚无法实施。一是不符合市场化改革方向。按照《中共中央关于全面深化改革若干重大问题的决定》，凡是能由市场形成价格的都交给市场，政府不进行不当干预。二是生猪供给价格弹性大，如果出台最低价格政策，将使市场形成生猪养殖不会亏损或不会明显亏损的预期，刺激大量社会资本涌入生猪养殖行业，使生猪产品产能大幅扩张，极易形成“托市收购→产量增加→不得不再托市收购”的恶性循环，成为巨大的财政负担。三是实施最低收购价制度，需要配套建立相应的储备能力，而猪肉属于鲜活农产品，储备成本高、周期短、操作难度大。四是各地养殖方式、规模、品种、成本、质量标准存在较大差异，很难制定一个适当的、统一的最低收购价标准①。

保护价格在微观经济学中也叫支持价格。政府为了扶持某种产业的发展，减少市场波动，实施支持价格政策，典型的支持价格政策是粮食按保护价收购。当市场均衡价格低于保护价时，政府以保护价收购市场过剩的粮食。政府收购的粮食是储备粮的主要部分。

（六）市场短缺下的资源配置

如果市场供给量小于需求量，会造成市场短缺。如果是自由放任的市场，短缺时，市场价格会上涨，直到实现均衡为止。如果政府对市场进行价格管制，如设置价格上限，这种短缺就无法通过市场力量自行解决。在市场短缺时，很多消费者想要以管制的价格水平购买该商品，但在管制的价格水平，市场供给量小于需求量，导致很多人抢购有限的物资。这些有限的物资卖给谁？最文明的短缺资源配置方式是先来后到，即排队，如租房市场短缺时，最先登记的租房者得到房子；最火热的明星演唱会，排队在最前面的人最先买到票。排队获得短缺资源，虽然文明，但没有效率，因为很多人把时间耗费在排队上。我国房地产市场火热时，人们连夜排队抢号；幼儿园学位紧缺时，爷爷奶奶、爸爸妈妈轮流昼夜排队等待报名。于是人们发明了摇号等方式来配置短缺资源。在市场短缺时，配给供应也是常用手段，即规定每个购买者只能购买低于均衡数量的商品。

2020 年年初的新冠肺炎疫情导致口罩等基本疫情防控物资市场短缺，口罩、消毒液、酒精、体温计等物资纷纷告急。多个城市开启了口罩限量购买、预约购买，甚至摇号购买的方式。为避免人员聚集，部分城市还安排快递以及社区配送口罩上门。

厦门市施行摇号买口罩，中签可买 6 个口罩。“几天前这里凭身份证限量购买口罩，结果引发了排队潮，后来就改成了摇号。”厦门市发布公告称：为避免购买口罩人群过度聚集造成可能的交叉感染风险，经研究，决定采取通过政务服务平台“i 厦门”应用程序实名预约，门店定点取货的方式

① 农业农村部. 制定生猪市场保护价格政策是否可行？农业农村部：不符合市场化改革方向［EB/OL］.（2019-10-27）［2021-06-30］. baijiahao.baidu.com/s? id=1647534039248262146&wfr=spider&for=pc.

向市民供应口罩。此举让厦门市成为全国首个线上摇号购买口罩的城市。由于预约人数过多，“i 厦门”应用程序还一度崩溃。

2020 年 2 月 1 日，首批中签者陆续收到厦门政务发送的中签结果短信，通知他们务必携带预约编号及身份证原件，前往预约时所登记的线下网点购买口罩。中签者可以购买 6 个口罩，售价以门店价格为准。

上海市实行预约购买，每一户可以买五个口罩。上海市从 2020 年 2 月 2 日开始在各居委会（村委会）指定地点进行现场登记预约，居民在接到居委会（村委会）通知后，到指定药店购买。第一轮预约登记的时间从 2020 年 2 月 2 日到 2 月 11 日，在此期间登记预约都可以拿到号码。根据相关规定，每一轮预约，每一户（同一个居住地址）可购买一包（5 个）口罩，每一户仅限预约购买一次。

绍兴市规定购买者凭市民卡实名预约，一人一天一个。2020 年 1 月 30 日，“绍兴发布”微信公众号发布口罩网上预约提示：从 1 月 30 日开始，每天从 15：00 起在“绍兴数字健康服务平台”，可以凭绍兴市市民卡（医保卡）实名预约购买口罩，约完为止。预约购买口罩的规则为：一人一天一个。按最小包装计，如 10 个/包，则 10 天预约一次；如 7 个/包，则 7 天预约一次，其他包装规格依此类推。网上预约成功后，24 小时内发货。浙江震元以快递、物流和员工志愿送货等多种方式将预约成功的口罩送到市民手上。

烟台市消费者凭身份证可以买两个口罩，现场排队改为预约配送。因为限量供应口罩，几个销售点前排起了长队，引发市民担忧。为加强疫情防控，平抑物价，烟台市政府统一调配一批口罩，在市区几个大商场平价销售，每个口罩 4 元，市民凭身份证可以购买 2 个口罩。2020 年 2 月 1 日，口罩购买点的队伍就有几十米长。“本来这半个月大家都待在家，为了两个口罩把这么多人聚集在一起，排队过程还发生了推搡，很不安全。”① 对于群众排长队购买口罩的现象，烟台市回应称：由于投放网点较少，口罩数量有限，出现个别网点群众排队过长问题，还有的群众没有买到口罩。针对这一情况，政府立即调整了投放方案，改由基层社区分散投放，将有限货源公开公平向社会投放。

---

① 张旭. 多城口罩新规！限购、预约、摇号，规堪比巅峰买房［EB/OL］.（2020-02-04）［2021-06-30］. chinanews.com.cn/gn/2020/02-04/9078902.shtml.

（七）灾难发生后的价格

随着新冠肺炎疫情蔓延以及疫情防控阻击战打响，居民被建议待在家里不外出。由于对防疫物资的需求暴增，居民抢购口罩、消毒液、食品等物资，个别商家趁机涨价。

新冠肺炎疫情发生以来，各级市场监管部门加强口罩、消毒杀菌用品、抗病毒药品等防疫用品及粮油肉菜等生活必需品市场价格监管，迅速查办一批哄抬价格、价格欺诈、不明码标价等价格违法案件，有力维护防疫用品市场秩序。

2020 年 1 月 23 日，北京市丰台区市场监管局根据举报对北京市某大药房丰台区某分店大幅抬高 N95 型口罩销售价格的行为进行检查。经查，当事人将进价为 200 元/盒的 3M 牌 8511CN 型口罩（10 个装），大幅提价到 850 元/盒对外销售，而同时期该款口罩网络售价为 143 元/盒。北京市丰台区市场监管局拟对当事人处以 300 万元罚款的行政处罚。1 月 26 日，北京市丰台区市场监管局向当事人下达行政处罚听证告知书。

2020 年 1 月 26 日，天津市津南区市场监管局根据举报对天津市某大药房连锁有限公司某分公司进行检查。经查，当事人以 12 元/个购进 KN95 口罩并抬高至 128 元/个销售；以进价 15.2 元/盒购进片仔癀防雾霾口罩（成人 1 个装）并抬高至 58~78 元/盒销售。1 月 27 日，天津市津南区市场监管局将行政处罚听证告知书送达当事人，拟对当事人处以 300 万元罚款的行政处罚，并将当事人哄抬价格涉嫌经济犯罪有关线索移送公安部门。

2020 年 1 月 22 日，上海市普陀区市场监管局根据举报对某便利店进行检查，发现当事人从 1 月 21 日开始，以 69 元/袋的价格从其他便利店购进某进口品牌口罩（3 个装），在“美团外卖”平台上以 198 元/袋的价格对外销售。上海市普陀区市场监管局立案调查，作出行政处罚决定。

2020 年 1 月 22 日，广东省佛山市某医药连锁有限公司某分店大幅抬高“洁之源”“保为康”“医麦德”等品牌口罩，提价幅度达 40%~560%。广东省佛山市南海区市场监管局进行全面调查处理，作出行政处罚决定。

2020 年 1 月 22 日，四川省达州市通川区市场监管局发现，通川区某大药房通过微信群与其他医药公司交流防疫用品涨价信息，在销售中向消费者宣传“口罩和药品都在涨价，我们也要涨价”“现在到处都是疫情”等内容。1月20日至21日，当事人在销售医用一次性口罩、防霾口罩过程中连续两次大幅涨价，幅度分别达400%和67%，且涨价后均未明码标价。达州市通川区市场监管局对此进行立案调查。

网传郑州市一家超市的照片，白菜每千克价格为13.96元，净重不同，出现每棵50多元、60多元等不同价格。郑州市二七区市场监管局对涉事超市开出罚单50万元[①]。

山东某超市因"哄抬物价"被处罚。该超市一捆韭菜卖120元，山东省龙口市市场监管局对该超市的两家门店进行检查，发现两家门店销售的大白菜涨价前价格为4.98元/千克，涨价后为9.96元/千克；韭菜涨价前价格为17.98元/千克，涨价后为67.98元/千克；黄圆葱涨价前价格为4.98元/千克，涨价后为9.98元/千克，构成哄抬价格的违法行为。龙口市市场监管局按照执法程序对该案事实进行了全面调查处理，拟对两家门店作出罚款100万元的行政处罚[②]。

不管是民众还是政府，对灾难之后的物价飞涨甚是反感，在全国上下齐心协力抗击疫情之际，个别商家趁机抬高物价，人为制造恐慌，市场监管部门将哄抬价格定性为价格违法。

也有所谓的"网红经济学家"认为"发国难财"是可取的。当需求增加，价格大涨时，自然会吸引商家从外地调进物资，随着源源不断的物资调入，供给增加，价格自然会回落。

奥地利学派认为，在出现天灾的时候，价格上涨能够刺激厂家加大马力生产，如果不允许涨价，厂家就没有动力加大产能。消费者对价格是最为敏感的，价格上涨后，那些真正的刚需者就愿意支付更高的价格，而有些人并不是那么迫切需要，不愿意支付更高的价格，这就提升了资源配置的效率。总之，在奥地利学派的经济学家眼中，市场永远是有效的，其允许"发国难财"，认为拯救了市场的短缺危机。

---

① 段伟朵. 实探！郑州一棵白菜60多？记者：别急！看这儿[EB/OL].(2020-01-26)[2021-06-30]. baijiahao.baidu.com/s? id=1656798351975039518&wfr=spider&for=pc.

② 李洪力. 山东家家悦超市因哄抬物价被处罚：一捆韭菜卖120元 幕后老板身家40亿[EB/OL].(2020-02-02)[2021-06-30]. baijiahao. baidu. com/s? id = 1657424662831572863&wfr = spider&for=pc.

节假日高速公路免费通行

2012年，交通运输部、国家发展改革委、财政部、监察部、国务院纠风办制订《重大节假日免收小型客车通行费实施方案》。该方案规定：第一，免费通行的时间范围为春节、清明节、劳动节、国庆节四个国家法定节假日以及当年国务院办公厅文件确定的上述法定节假日连休日。免费时段从节假日第一天的0时开始，节假日最后一天的24时结束（普通公路以车辆通过收费站收费车道的时间为准，高速公路以车辆驶离出口收费车道的时间为准）。第二，免费通行的车辆范围为行驶收费公路的7座以下（含7座）载客车辆，包括允许在普通收费公路行驶的摩托车。第三，免费通行的收费公路范围为符合《中华人民共和国公路法》和《收费公路管理条例》的规定，经依法批准设置的收费公路（含收费桥梁和隧道）。各地机场高速公路是否实行免费通行，由各省（自治区、直辖市）人民政府决定。2012年7月24日，国务院批转同意《重大节假日免收小型客车通行费实施方案》。该方案自2012年国庆长假开始实施。每年国庆出行大增，而通行免费，国庆拥堵几乎是常态。

按保护价收购议购粮

《国务院关于按保护价敞开收购议购粮的通知》于1997年8月6日发布，自1997年8月6日起施行。为了切实保证农民增产增收、保护农民生产积极性，国务院决定，在农业丰收情况下，要按保护价敞开收购议购粮。各地区要及时制定并公布当地议购粮保护价政策。粮食部门必须坚决执行按保护价敞开收购议购粮的政策。有关部门必须确保粮食收购资金供应。2020年，国家继续在稻谷主产区实行最低收购价政策。综合考虑粮食生产成本、市场供求、国内外市场价格和产业发展等因素，经国务院批准，2020年生产的早籼稻（三等，下同）、中晚籼稻和粳稻最低收购价分别为每50千克121元、127元和130元。为了保证粮食的绝对安全，保障稻农利益，水稻最低收购价格略有上涨。

尾号限行

很多城市为了控制车辆出行数量、减少拥堵和缓解空气污染，采取车辆尾号限行的管制政策。例如，成都周一限行尾号1和6，周二限行尾号2和7，周三限行尾号3和8，周四限行尾号4和9，周五限行尾号5和0。有些城市甚至采取单双号限行。但是，限行的长期效果并不理想。限行导致的后果是人们增加了购买第二辆车的意愿，尤其严重的是，这第二辆车大多是旧的二手车，排放情况很糟糕。

第五节 国际贸易

（一）国内猪肉市场缺口拉大，猪肉进口暴涨

据《环球时报》2019年9月2日报道，中国海关数据显示，2019年7月中国一共进口了18万吨猪肉，同比增长107%。2019年前8个月，中国猪肉进口量大幅增长了66.1%。为满足消费者需求，中国正在加大对猪肉进口，而世界范围内各大猪肉供应国也在纷纷寻找进入中国市场的机会。

2018年，中国进口了120万吨的新鲜和冷冻猪肉。但中国猪肉主要依靠自给，进口比例最多只有3%。中国每年都要进口大量猪肉，很多人误以为中国猪肉主要依赖国外供给，实际上，中国猪肉主要依靠国内供给，进口只占很小一部分，每年几乎不会超过总量的3%。2019年的情况较为特殊，市场供应不足，到年底会出现约200万吨的市场缺口，这要靠进口解决，但进口猪肉只占总消费量的4%左右。

2019年以来，受非洲猪瘟等因素影响，国内生猪存栏量大幅下降，市场上猪肉供给不足，猪肉价格居高不下，巨大的市场缺口使得我国不得不增加猪肉进口，各国也是跃跃欲试，争相抢占中国猪肉市场。

中国主要从德国、巴西、西班牙、丹麦等国进口猪肉，这一范围还在不断扩大。由于中美贸易摩擦，中国从美国进口的猪肉呈断崖式下跌。2019年，中国进口加拿大的猪肉检出了“瘦肉精”，中国海关暂停受理相关企业

输华猪肉的进口申报，且加大对加拿大猪肉的抽检力度。这种形势给了其他国家对华出口猪肉的大好机会。2019 年 7 月，巴西猪肉出口创下历史新高，全国 1/3 的猪肉都被中国买走。

阿根廷与中国签署了猪肉双向进出口卫生检验协议，订单已经敲定，首批阿根廷猪肉于 2019 年 10 月抵达中国。俄罗斯也对中国猪肉市场很感兴趣，其市场上有 100 万吨猪肉亟待销售，出口中国绝对是一个不错的选择。

进口猪肉涌入中国市场，会降低零售价吗？经济学理论认为，供给增加会降低市场均衡价格。但专家认为，2019 年下半年猪肉价格依旧维持在较高水平，靠大量进口平抑价格不太可能。原因是进口猪肉的量只占总体消费量的 4%不到①。

（二）越南禁止出口大米，中国农民应该高兴

据第一财经 2020 年 3 月 26 日报道，新冠肺炎疫情在全球传播，越南考虑本国的粮食安全，停止对外出口大米。有人担心，中国从越南等国进口不少大米，越南一断供，中国粮食的“紧平衡”被打破，吃饭问题会出现吗？

这担心多余了！中国是世界水稻第一大生产国，其后依次是印度、印度尼西亚，越南排第四名。中国水稻产量约为 1.5 亿吨，越南水稻产量约为 2 800 万吨。中国自己生产的水稻不仅够吃，2019 年度还对外出口了 277 万吨，在世界主要水稻出口国中，能跻身前十名。中国对粮食出口实行配额制，有资格、有配额出口的主要是国有企业，如果全面放开，中国水稻出口还有不小的潜力。中国也进口水稻，2019 年度中国进口了 300 万吨水稻。既出口水稻也进口水稻，并不别扭。泰国的香米不少人吃过，口感跟国内大米不一样，中国消费者的口味要求越来越高，进口好大米的需求一直都有，这是改善型需求，不是填饱肚子的刚需。往年，因为粮食托市收购等原因，中国粮食价格更贵。周边国家（如越南）的大米，千里迢迢运进中国，成本上也许还有优势，因此国外大米在国内也有市场。即便如此，中国每年从越南进口的大米并不多。

越南媒体报道，2019 年，越南是世界第三大大米出口国，排在印度和印度尼西亚之后，出口总量 637 万吨。进口越南大米的国家中，依次排序如

① 猪肉进口暴涨 107%！市场缺口越来越大，各国蜂拥而至抢占中国市场［EB/OL］.（2019-09-04）［2021-06-30］. https://www.163.com/dy/artide/EO6DCBQD0512RB86.html.

下：菲律宾 210 万吨，象牙海岸 58 万吨，马来西亚 58 万吨，中国 47.7 万吨（位列第四）。进口 47.7 万吨的越南大米与中国每年消费量上亿吨的大米相比，占比微乎其微。

越南停止大米出口，中国农民应该高兴，留下的市场缺口，中国大米很快就能补上。买越南大米的那些钱，将回到中国人自己的口袋里。中国还拥有天量的水稻库存。2018—2019 市场年度，中国期末水稻库存约 1.15 亿吨，按照中国人 2019 年水稻消费 1.43 亿吨来算，中国农民一年不种水稻，不从国外进口一粒大米，全国人民可以吃 9 个月。

越南停止出口大米，这条消息出来没多久，越南官方就赶紧辟谣是暂停出口，没有出台大米出口禁令。越南要评估国内大米的库存量，是否能够保障本国的需求，这个时间段里越南不接受大米出口的新订单。2019 年，大米出口给越南贡献了 28 亿美元的收入①。

（三）新冠肺炎疫情发生后多国禁止农产品出口是否影响粮价

据报道，受新冠肺炎疫情影响，一些国家纷纷宣布禁止农产品出口，引发消费者对农产品价格上涨的担忧。在业内人士看来，我国主要粮食对国际市场的依赖性比较低，价格稳定有坚实的基础，因此消费者不需要担心粮食安全。

据不完全统计，截至 2020 年 3 月末，已有 6 国禁止或限制粮食出口。柬埔寨从 2020 年 4 月 5 日起，除了香米，将禁止白米和稻米出口。埃及自 2020 年 3 月 28 日起 3 个月内停止各种豆类产品的出口。俄罗斯农业部决定在 2020 年 4 月 1 日至 6 月 30 日期间将小麦、大麦、玉米等农产品出口限额定为 700 万吨。泰国宣布禁止出口鸡蛋 7 天。越南宣布从 2020 年 3 月 24 日 0 时开始，各种大米产品都被禁止以任何形式出口。哈萨克斯坦决定对 11 种农产品实行限制出口，其中就包括小麦。哈萨克斯坦是全球小麦的主要出口国之一。塞尔维亚停止了葵花籽油等货品的出口。这些国家禁止或限制粮油出口，主要是因为新冠肺炎疫情状况不确定性增加，为了保障国内粮油供应，临时性的实施出口限制。只要新冠肺炎疫情得到缓解，出口肯定会恢复。

---

① 胡军华. 越南禁止出口大米 中国不必急［EB/OL］.（2020-03-27）［2021-06-30］. finance.sina.com.cn/roll/2020-03-27/doc-iimxyqwa3428977.shtml.

在新冠肺炎疫情之下，全世界的人都加强了物资囤积，超市的商品往往被买光，对粮油的需求大增。我国是粮油生产和消费大国，总体上粮油供应能满足国内需求。我国会结构性地进口一些粮油，也出口一些粮油，但总量占比很低。新冠肺炎疫情发生后，我国的粮油价格并没有明显上涨。猪肉价格还有所回落。中国粮食安全无需担忧，特别是中国的疫情已经得到有效控制，各地春耕抓紧进行，物流恢复顺畅。近期，农业板块的股票表现良好，这与预期和情绪有关。

国家粮油信息中心指出，我国大米进口数量逐年下降，2019 年大米进口 255 万吨，同比下降 53 万吨，进口大米约占我国大米消费的 1%，即使大米不进口也不会影响国内市场供给。我国实现了“谷物基本自给、口粮绝对安全”，粮食供求总体宽松，完全能满足人民群众日常消费需求，也能够有效应对重大自然灾害和突发事件的考验。光大证券表示，我国主要粮食基本已实现完全自给。首先，我国粮食生产总量大，总产量连续 5 年在 6.5 亿吨以上，其中谷物占比 92% 以上。其次，主要粮食基本靠国内生产，进口占比极低，进口粮食基本以大豆为主，我国粮食年进口量超过 1 亿吨，近 80% 为大豆，而诸如稻谷、小麦、玉米等主要粮食进口量仅百万吨级别，占国内消费总量的 1%~2%。我国拥有超过 1.5 亿吨的粮食储备，小麦、稻谷等口粮库存处于历史最高水平。中国社会科学院农村发展研究所研究员李国祥表示，中国稻谷、小麦和玉米库存量比较高，供应充足，价格大幅波动的可能性不大。“三大主粮对国际市场的依赖性比较低，价格稳定有坚实的基础。”方正证券指出，从水稻和小麦来看，我国的进口量很低，每年产量基本稳定。我国水稻和小麦还面临着库存较高的问题，因此多国采取禁止粮食出口的措施对我国水稻、小麦价格的影响有限。我国新产玉米已经连续三年产不足需，产销有缺口，且库存量也存在低位，因此进口对于稳定玉米价格的重要性越来越强，玉米价格有上涨预期。我国大豆主要依靠进口，2019 年我国大豆进口占消费量的比重接近 90%，主要进口国为阿根廷、巴西和美国。若后续疫情持续发酵，或将造成我国大豆以及相关下游产品如豆粕、豆油价格的进一步上涨。李国祥认为，大豆对国际市场依赖性较强，进口大豆价格短期上涨是有可能的。从长期看，中国可选择的大豆进口国家比较多，国内大豆还有一定的储备，能够一定程度上缓冲国际大豆价格上涨带来的影响①。

---

① 吴亦涵. 多国禁止农产品出口后粮价会涨吗？专家这么说［EB/OL］.（2020-04-02）［2021-06-30］. ishare.ifeng.com/c/s/7vKm0DmKndo.

（四）美国取消对中国口罩等防疫物资进口关税

降低或取消关税，会增加进口。降低进口关税，国内需求量会增加，国内供给量会减少，进口规模扩大。

《国际金融报》2020 年 3 月 7 日报道，美国特朗普政府已经对从中国进口的 100 多种医疗产品（包括口罩、净手湿巾、检查手套等）免除了进口关税，已有 27 家公司获批。

2019 年 10 月 22 日，美国贸易代表办公室（USTR）官方网站发布公告称，将自 10 月 31 日起对中国 3 000 亿美元加征关税清单的产品启动排除程序；自 2019 年 10 月 31 日至 2020 年 1 月 31 日，美国利害关系方可以提出排除申请。

值得注意的是，自美国特朗普政府对来自中国的商品加征关税后，对排除产品关税的手续往往要花费数月时间。但自新冠肺炎疫情暴发以来，美国政府已经对许多医疗产品的关税排除请求进行了加速审批，批准时间距离提交申请的截止日期仅 1 月有余。

Medline 是美国最大的私人医疗用品制造商和分销商，在该公司申请的 103 项对来自中国进口商品的关税豁免申请中，已经有 30 项获批，包括手术服、口罩和医疗杯，大部分产品是在 1 月底申请。

但据 Medline 透露，虽然公司部分进口商品被免除 7.5%的关税，但 USTR 还是拒绝了其对部分征税 25%的产品的豁免请求，这其中包括手术帏帘、生物危险品处理袋等 33 项其他的豁免请求。

该公司表示，总体而言，关税已经给公司造成了超过 1 亿美元的损失，而且对医疗保健及成本产生重大影响。

有美国医疗用品商在向 USTR 提交的申请文件中表示，现有少数美国制造商的产能有限，难以快速展开并扩大生产规模满足国内需求。按照产品要求的质量和安全级别，（除中国外）没有其他国家或地区有这样的产能。而要更换制造商，也需要较长的交货时间，并进行广泛测试、认证和批准。

有美国医疗用品商表示："医用口罩的全球生产范围基本仅限于中国，而改用美国或第三国制造商既不实际，也不具有竞争力。"此类产品的附加关税将对美国造成严重的财务损害，并增加了美国医疗保健供应商和客户的成本。

美国对华加征的301关税一直都有关税排除，如之前对原料药产品的排除等。虽然此次排除的口罩等医疗产品只是美国例行产品排除工作成果的一部分，但也非常典型地反映了美国加征关税对消费者的伤害。而无论从法律还是经济角度看，通过加征关税挑起贸易争端对全球供应链产生负面的影响都是错误的行为。

据美国政治网站报道，美国医疗系统一年需要的N95口罩数量约为3.5亿个，但目前美国只有需求量1%的库存。此外，美国已在最近几年将大部分口罩生产工厂都迁到了中国，90%以上的口罩来自中国。美国3M公司副总裁迈克·彭斯指出，该公司目前只能生产400万个美国食品药品监督管理局（FDA）认证的外科口罩。

事实证明，美国口罩厂在短期内扩大产能也绝非易事。某美国最大外科口罩厂由于缝制和给口罩定型的机器有限，曾在十年前应对猪流感爆发时，购买了许多机器并雇佣了150名新工人以提高产量。但该公司副总裁后来表示，新机器的建造时间大约有4个月，而且成本高达100万美元，当他们准备好的时候，流感都已经结束了①。

光盘行动

2020年8月，习近平总书记作出重要指示，强调坚决制止餐饮浪费行为，切实培养节约习惯，在全社会营造浪费可耻、节约为荣的氛围。民以食为天，我们要确保把饭碗牢牢地端在自己的手中。我国的粮食生产水平一直在提高。但舌尖上的浪费普遍存在。全国每年浪费的食物总量可养活2.5亿人。我们要谨防洪涝灾害、旱灾、耕地减少造成粮食减产。我们不能把国人的饭碗寄希望于进口。在新冠肺炎疫情背景下，很多国家停止粮食出口。居安思危，成由勤俭败由奢。杜绝舌尖上的浪费，我们必须积极践行光盘行动。

① 赵璐. 美国取消对中国口罩、湿巾、医用手套等100多种产品关税［EB/OL］.（2020-03-08）［2021-06-30］. baijiahao.baidu.com/s? id=1660524214864775138&wfr=spider&for=pc.

第三章 消费者行为

区分所有权和使用权

有时候，我们需要使用一次某种物品，就去买一个该种物品。使用完之后，这个物品可能再也没有被使用过，还要占用房子的空间。事实上，我们只需要一次使用权，而不是所有权。在共享经济模式下，我们可以通过租赁的形式获得使用权，不需要占有所有物品的所有权。有些耐用品可以拿来共享，不管是商业组织、社区组织还是政府都可以实施这样的计划。这样可以减轻家庭的经济压力，也可以减少资源的消耗和浪费，减轻这个星球的压力。

消费结构升级与扩大消费需求

过去一个时期，我国需求侧管理主要着眼于调节投资需求，通过引导地方政府和企业扩大投资。现在，需求侧管理要更加重视扩大消费需求。2015年以来，最终消费对经济增长贡献率稳定在60%左右，2018年和2019年分别为65.9%和57.8%，比资本形成总额贡献率分别高24.4个百分点和26.6个百分点，经济对投资的依赖度明显下降，从投资驱动为主转向消费驱动为主的特征更加明显，消费已成为经济增长的主要驱动力。近年来，我国消费结构升级呈现一系列新趋势，正在成为推动消费的重要力量：一是商品消费高端化，二是消费结构服务化，三是消费方式网络化，四是消费群体年轻化，五是城乡市场融合化。

第一节　消费券

为应对新冠肺炎疫情，政府发放消费券。保持消费品价格不变，当预算收入增加时，消费者的预算线往外平移，预算集扩大，消费者可以购买的消费品组合的商品数量会增加。

2020 年 3 月 13 日，南京市政府决定面向市民和困难群体发放总额 3.18 亿元、共计七大类的消费券。七大类消费券主要包括餐饮消费券、体育消费券、图书消费券、乡村旅游消费券、信息消费券、困难群众消费券以及工会会员消费券。其中，困难群众、工会会员、乡村旅游三类消费券按照系统内有关要求发放，餐饮、体育、图书、信息四类消费券采用多批次网上摇号方式面向全体市民公开发放①。

为缓解市民经济压力并带动消费，香港、澳门相继承诺向居民发放现金，澳门发放每人 3 000 澳元的消费券。为刺激消费回暖，浙江省、河北省等地也宣布将向居民发放各种形式的消费券。

为刺激消费回暖多地发放消费券。消费一向是中国经济增长的重要动力。国家统计局数据显示，2019 年，最终消费支出对国内生产总值增长的贡献率高达 57.8%。中泰宏观研究团队估算，因为疫情影响，2020 年第一季度旅游收入下降约 1.2 万亿元、餐饮零售收入下降约 9 600 亿元、交通运输收入下降约 1 400 亿元、电影收入下降约 100 亿元。如果只考虑旅游、零售等消费对本行业的影响，那么消费下降将使得 2020 年第一季度 GDP 减少约 1.4 万亿元。

为刺激消费回暖，多地打出“组合拳”，其中一项重要政策便是发放消费券。2020 年 3 月 2 日，山东省济南市委、市政府印发相关文件，推出 2 000 万元文旅消费券，主要用于拉动文旅消费。2020 年 3 月 6 日，辽宁省印发相关文件，鼓励各级文化和旅游部门向大众发放惠民文旅消费券。2020 年 3 月 12 日，浙江省文化和旅游厅副厅长表示，浙江省推出总价达 10 亿元的文旅消费券和 1 亿元的文旅消费大红包。河北省提出 2020 年实施扩大消

---

① 饶贤君. 消费券来了！南京将摇号发放 3.18 亿消费券，这次和 11 年前不同［EB/OL］.（2020-03-13）［2021-06-30］. baijiahao.baidu.com/s? id=1661063352194513499&wfr=spider&for=pc.

费十大专项行动，安排专项资金 1 500 万元，实施体育消费券补贴政策，扩大健身人群规模。上述多地发放的消费券，以文旅消费券为主。

上海财经大学高等研究院院长田国强指出，湖北省为了防止疫情扩散，作出了很大牺牲，建议中央和地方给予湖北省特别是武汉市低收入阶层收入补贴或消费券，相关财政支出由中央财政转移支付。

湖北省居民收入受影响情况最严重，向湖北省发放消费券，可以在一定程度上弥补市民的收入损失，同时刺激消费。疫情结束后，湖北地区的消费券相关政策也值得期待①。

2020 年 3 月 26 日，杭州宣布发放消费券，实际总额达 16. 8 亿元，域外来杭人员也可申领。此次消费券活动周期为 3 月 27 日至 5 月 31 日，全体在杭人员（包括域外来杭人员）均可在支付宝上申领。“杭州发布”介绍，本轮消费券政府发放额度为 5 亿元，其中 1 500 万元用于困难群众的消费补助，剩余 4. 85 亿元用于电子消费券发放。同时，商家匹配优惠额度 11. 8 亿元左右，消费券实际总额达 16. 8 亿元。此次消费券申领分两期，第一期是 3 月 27 日至 4 月 2 日，每个卡包总价值 50 元（内含 5 张 10 元通用消费券），消费满 40 元政府补贴 10 元。3 月 27 日上午 8 时开始申领，每人限领一次，卡包有效期为 7 天。第二期是 4 月 3 日至 5 月 31 日，每个卡包总价值将有大幅提高，具体额度、使用规则和范围提前公布。在杭人员可以从支付宝首页专区入口或支付宝搜索“杭州”进入“杭州消费券”页面，点击申领消费券卡包。

中泰证券研究所政策组负责人杨畅分析称，通过采取消费券的方式，能够扩大受疫情影响损失严重地区居民的必需品消费和服务消费。在需求锐减的情况下，选择使用消费券的方式，促进消费回补与潜力释放，主要原因是消费券见效更快，能够尽快带动消费，活跃市场，促进客流和物流等流动性②。

---

① 中国基金报. 消费券火了！南京 3 个亿，浙江又来 10 个亿，更多在路上……［EB/OL］.（2020-03-14）［2021-06-30］. baijiahao.baidu.com/s? id = 1661120704777623238&wfr = spider&for = pc.

② 李可愚. 杭州宣布发放消费券：实际总额达 16. 8 亿元 域外来杭人员也可申领［EB/OL］.（2020-03-26）［2021-06-30］. baijiahao.baidu.com/s? id = 1662242557530640211&wfr = spider&for = pc.

成都第三轮消费券活动

2020年9月14日至11月8日，成都市政府继续开展“成都新消费，领券更优惠”第三阶段活动，在财政安排补贴资金2亿元的基础上，鼓励商家和平台企业让利优惠。本次消费券在“天府蓉易办”小程序上发放领取，小程序由腾讯云提供技术支持。2020年9月14日零点起，消费者可以进入“天府蓉易办”微信小程序上预约申领消费券。2020年9月25日18时起，微信平台以红包雨的形式向申领成功的消费者发放消费券包，每个消费券包总额80元，共有6张消费券，分别为2张“满60减20”消费券和4张“满30减10”消费券，有效期为9月26日至11月8日。此次消费券活动结合中秋、国庆假期，以“畅游成都旅游消费季”为主题，聚焦民俗旅游、乡村旅游、文博旅游、文化遗产观光、休闲运动、酒吧演艺、夜游夜宵等行业业态，鼓励旅游、住宿、文创、娱乐、体育、餐饮、百货行业符合条件的商户积极参与，引导在蓉市民扩大消费，吸引游客来蓉消费，进一步刺激成都消费市场活力。

第二节　全面取消农业税

2005年12月，全国人大常委会通过关于废止《中华人民共和国农业税条例》的决议，农业税于2006年1月1日起全面取消，延续了2 600年的“皇粮国税”最终退出了历史舞台。这是中华人民共和国成立以来继农村土地改革、实行家庭承包经营后的又一重大改革。这既使农民负担重的状况得到根本性扭转，也意味着我国工业反哺农业进程提速。2006年2月22日，国家邮政局发行了一张面值80分的纪念邮票，名为“全面取消农业税”，以庆祝中国农业史上这个具有里程碑意义的改革。

几千年来，农业一直是国家税收的主要来源。国家对所有从事农业生产、有农业收入的单位和个人征收的一种税，也是老百姓口中常说的“公粮”。中华人民共和国成立之初，国家底子薄、基础弱，工业化和城镇化水平低，农业在国民经济中占很大比例，农业税成为国家财政支持工业化建设资金的重要来源。进入 20 世纪 90 年代，农民不仅要缴纳农业税，还要承担许多维持基层运转和公共事业发展的费用，俗称“三提五统”。再加上各种乱摊派、乱收费、乱集资，农民负担越发沉重。

繁重的税负严重限制了农民实际收入的增长，也挫伤了农民的生产积极性，恶化了干群关系，给社会带来各种不稳定因素，农业税费改革势在必行。

2001—2005 年，财政部办理事关取消农业税、提高农民收入等方面的提案和议案总量有 4 500 多件。改革并不是一帆风顺的，党中央审时度势，从广大农民的根本利益出发，坚定推进改革。2006 年 1 月 1 日起，千年赋税终于被免除。

在微观经济学中，如果对农产品交易征税，则产生无谓损失，且税率越高，无谓损失就越大（见图 3-1）。因此，如果取消农产品交易的税收，则会减少无谓损失，增进社会福利。一些国家对农产品交易环节采取免税政策。

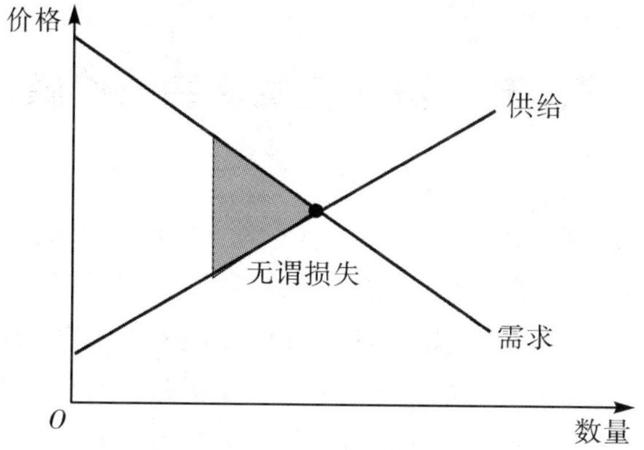

图 3-1 征税与无谓损失

农业税与上述农产品交易税不同，是从农业生产者的收入（可理解为收成）中征走一个总量，这在微观经济学中可以理解为农民被征一个总量税，意味着预算收入的减少（见图 3-2）。取消农业税，可以使预算收入增加，可以增进农民的预算收入，进而增进福利水平。

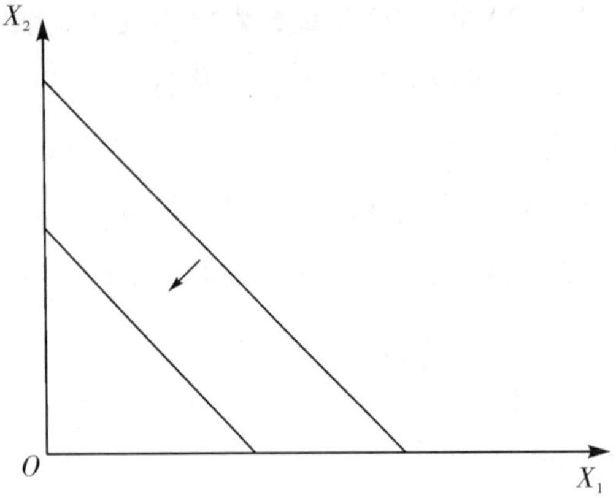

图 3-2 总量税

农业税的取消，是对农村生产力的又一次解放，给亿万农民带来了实实在在的利益，极大地减轻了农民的负担，调动了农民的积极性，是中国数千年农业史上前无古人的创举。继取消农业税后，国家又出台种粮农民补贴、农村义务教育（“两免一补”）、新型农村合作医疗、农村最低生活保障制度等惠农政策。如今，农村脱贫攻坚圆满收官，全面推进乡村振兴扬帆起航。

第三节 消费者偏爱物美价廉

消费者偏爱低价，在上海开市客（Costco）超市外排长队抢购茅台酒。2019 年 8 月 27 日，筹备已久的全球会员制卖场开市客超市的中国首店在上海开业。人山人海，场面火爆。刚过半天，店面被迫暂停营业。

飞天茅台标出的售价为每瓶 1 498 元，比贵州茅台厂家零售指导价还低 1 元，而实际上，在市场上，部分渠道的飞天茅台零售价已经接近甚至超过每瓶 3 000 元。而在开市客超市中，如果抢到茅台，转手一卖，往往就是 100%的收益。

中秋佳节前的 9 月 11 日和 12 日，贵州茅台酒销售公司通过开市客超市上海店，两天精准投放 5 吨茅台酒（合计 1 万多瓶），价格 1 499 元/瓶，有开市客超市会员卡的消费者都可以买 1 瓶。1 万多瓶飞天茅台很快就被一抢而空。至于上海的开市客超市场面有多火爆？网友称：需要排队两个小时才能进场，然后需要用 3~4 个小时排队买飞天茅台。场面火爆，飞天茅台很快售罄①。

① 中国证券报. Costco 因茅台二度火爆：排 2 小时进场，再排 4 小时购买［EB/OL］.（2019-09-14）［2021-06-30］. baijiahao.baidu.com/s? id=1644566303788964085&wfr=spider&for=pc.

“这一次，我们选择开市客超市做精准投放，就是看中其成熟的会员模式，这是减少‘黄牛’干扰，让更多消费者有可靠、便捷的渠道买到茅台酒的一种尝试。”贵州茅台酒销售公司有关负责人说①。开市客超市采用付费会员制，只有会员方可进入购物，而每年不低的会员费也说明了开市客超市会员具有一定购买力。在开市客超市销售茅台酒，可以有效抬高“黄牛”购酒的门槛，区分出茅台酒真正的消费者。

第四节 替代效应

（一）鲸鱼油的故事：替代品

在电灯被发明之前，美国人主要用鲸鱼油来照明。

随着美国内战的爆发，鲸鱼油的需求量大幅增加，而供给却急剧下降。鲸鱼油从 1823 年的 43 美分 1 加仑（1 美制加仑≈3.79 升，下同）涨至 1866 年的 2.55 美元 1 加仑的天价，人们甚至不敢在晚上阅读，以此来节约费用。鲸鱼油的高价使得人们开始减少对鲸鱼油的使用，各种“节能灯”相继被发明，并且人们纷纷开始保存鲸鱼油。

然而与此同时，当鲸鱼油的价格一路上升的时候，企业家开发替代品的动力也上升了。在欧洲，从煤里蒸馏出来的煤气成为一种经济上可行的替代物，鲸鱼油的需求量大幅下降。那些追逐利润的商人们受到莫大的鼓舞，纷纷去开发廉价的能够提炼原油的工艺。

鲸鱼油的替代品——煤油很快出现在市场上。随后，每箱鲸鱼油的价格跌到几十年来的最低点，鲸鱼油灯几乎从人们的视野中消失了。然而，作为鲸鱼油替代品的煤油也没有存在很长时间，很快就被石油取代了。现在我们使用最多的能源就是石油。目前，各个国家都在努力开发新能源，比如太阳能、水能、地热能、风能、核能等，这些都是石油的替代品。

（二）替换共享单车套餐

当两种商品的相对价格发生变化时，人们会用变得相对更便宜的商品替

---

① 澎湃新闻. 只卖 1 499 元！茅台两天向 Costco 精准投放 5 吨茅台酒［EB/OL］.（2019-09-13）［2021-06-30］. thepaper.cn/newsDetail_forward_4418684.

代相对更贵的商品。喜欢物美价廉，是消费者的通性。张先生长时间地使用摩拜单车的30天套餐，共享单车确实是上下班来回地铁口的好工具。张先生的摩拜单车30天套餐于2019年8月16日到期，需要续费时，张先生发现摩拜单车提高了单价和套餐的收费标准，单价从1元提高到了1.5元，30天套餐从上次的8.8元提高到了20元。

消费者会将多种商品进行价格比较，消费品的多样性对消费者来说是好事。自然而然地，张先生想到了哈罗单车，发现哈罗单车的30天套餐是10元，只是摩拜单车价格的一半。消费者不但会比较价格，也会比较质量，价廉物美才是真的好。从哈罗单车的消费体验来说，哈罗单车的消费质量一点不比摩拜单车差。因此，比价之后，张先生毫不犹豫地告别了长期使用的摩拜单车，购买了哈罗单车的30天套餐。用此时相对更便宜的哈罗单车套餐替代了变得相对更贵的摩拜单车套餐。

摩拜单车和哈罗单车相比，具有先动优势，锁定了一批客户，这些客户早期使用摩拜单车，安装了摩拜单车的应用程序，注册了摩拜单车的账户，缴纳了299元的押金。只要在价格相当的情况下，摩拜单车会牢牢锁定这些客户，因为存在一个转移成本，如消费者使用哈罗单车，需要安装哈罗单车的应用程序、注册哈罗单车的账户等。哈罗单车实行免押金的政策，这降低了摩拜单车客户的转移成本。

在巨大的价格差异下，消费者有强烈的转移动机，是替代效应在起作用。张先生使用摩拜单车几年了，最近用哈罗单车替代了摩拜单车，发生了转移。可见，价格是市场机制中非常强大的力量。在市场竞争下，质量相当的物品，价格也会趋向一致。品牌的忠诚度和锁定并没有我们想象的那么大。摩拜单车要想保持其先动优势，增强其锁定能力，要观察哈罗单车、青桔单车等共享单车的定价。只要定价持平，锁定效应还是比较强大的。如果定价差异太大，消费者必然追逐低价的产品。

“宅经济”兴起

“宅经济”是随着网络兴起而出现的一个新词，主要的意思是在家中上班、在家中兼职、在家中办公或在家中从事商务工作。同时，在家中消费也是宅经济必不可少的一部分。不少人吃饭叫外卖、购物叫快递，催热了“宅经济”，只要能够送货上门，很多人甘愿“宅”在家中。在疫情防控常态化背景下，线上购物、直播带货、在线诊疗、在线教育等新型消费逆势上扬。平台经济、共享经济兴起，人们在家也能从事一些兼职工作，或者盘活自己的闲置资源以获得一些收入贴补家用。

第五节 口红效应

近年来，中国经济下行压力较大，制造业普遍陷入产能过剩状态，市场需求不足，而土地、劳动力等生产要素成本不断走高，生产企业经营困难。但我们也看到，电影、口红、面膜等低价商品却逆势走高，明星片酬一年一个台阶往上涨，一线明星的片酬动辄上千万元。网红李佳琦号称“口红一哥”，截至2019年6月底，李佳琦全网粉丝已近5 000万人，年收入上亿元。在经济下行压力较大背景下，口红却疯狂热卖，这种现象叫“口红效应”。

“口红效应”是指因经济萧条而导致口红热卖的一种有趣的经济现象，也叫“低价产品偏爱趋势”。每当经济不景气时，口红的销量反而直线上升，电影、口红、面膜等低价商品也是一片繁荣。经济下行时，与大宗商品、耐用品和奢侈品的低迷销量呈现鲜明的对比，全球几大化妆品巨头的销售额逆市增长。例如，2008年全球金融危机爆发时，欧莱雅公司2008年上半年销售额逆市增长5.3%。

服饰也是同理，韩国经济不景气的时候，流行的是鲜艳的色彩，并且短小和夸张的款式订单多。“格子铺”这种新型的销售和购物模式吸引了很多时尚新潮一族。我国香港、澳门及沿海地区也出现了大大小小的“格子铺”，生意非常火爆，这正是“口红效应”的表现。

原因是什么呢？经济下行时，人们的收入吃紧，总体消费能力下降，对口红等低价商品存在收入效应，即收入效应让人们对这些小额消费品的消费减少。然而，老百姓在经济不景气的情况下，仍然会有强烈的消费欲望，消费似乎是一种习惯，是刚性的。经济下行时，人们对汽车、房子等耐用品以及珠宝、旅游等奢侈品的购买能力下降，减少了这些商品或服务的消费。消费者口袋里总有一些闲钱，正好可以购买比较廉价的商品或服务，对消费者起到一种“安慰”的作用，满足消费的心理。消费者用低价消费品替代高价消费品，这是替代效应。对于口红这些商品来说，替代效应大于收入效应，收入减少时，总效应增加。

“口红效应”商品的需求价格弹性较小，即使电影、口红、面膜价格上涨，消费者对这些商品的购买并不会减少多少，它们在消费者的支出总额中只占很低比例，因此需求价格弹性较小。当这些商品价格上涨时，消费者甚至会消费得更多，这是“口红效应”在起作用。

第六节　必需品还是奢侈品

对于必需品，涨价可以提高销售收益；对于奢侈品，涨价会使销售收益减少。

东阿阿胶从汉唐至明清一直都是皇家贡品。据史料考证，阿胶的应用迄今已有约 3 000 年的历史，阿胶自古以来就被誉为“补血圣药”和“滋补国宝”。历代《本草》皆将其列为“上品”，称其为“圣药”，我国首部药物学专著《神农本草经》称其“久服，轻身益气”。

公开数据显示，2001 年，东阿阿胶的阿胶产品零售价为每千克 80 元；2019 年，东阿阿胶的阿胶产品零售价为每千克 5 996 元，19 年间上涨了约 74 倍。作为阿胶最主要的原材料，驴的身价也跟着一路水涨船高，一张驴皮从 25 元一张，卖到 3 000 元一张，足足涨了 119 倍。

市场的承受力到底有没有边界？若东阿阿胶是奢侈品，其需求价格弹性大于 1，涨价会减少其收益。若东阿阿胶是必需品，其需求价格弹性小于 1，涨价会增加其收益。东阿阿胶有过较长时间的涨价历程，其收益和利润在不断增加。可见，当价格不是太高时，东阿阿胶属于必需品的范畴，人们需要东阿阿胶的“补血”和“滋补”功能。但是，如果价格太贵了，东阿阿胶就进入奢侈品的范畴，变得富有弹性，涨价会降低收益。2015 年、2016 年、2017 年，东阿阿胶营业收入和利润保持较快增长，但是到了 2018 年，东阿阿胶营业收入增长变为负数，利润增速只有 1. 98%。

2019 年 7 月 14 日，东阿阿胶发布半年度业绩预告，归属于母公司所有者净利润下降近 80%。其实，近几年东阿阿胶一直在不断释放业绩下降信号，如今各种问题一朝全露。东阿阿胶价格 15 年暴涨 40 倍，价格增长的背后是销售和利润的双下滑、库存积压以及消费者流失①。

资本市场对东阿阿胶的业绩变化做出反应，从 2019 年 4 月 25 日第一根阴线开始，到 2019 年 8 月 15 日，东阿阿胶股价跌去了 35.57%。

2020 年 3 月 27 日，搜狐财经报道，东阿阿胶上市 23 年来出现首次亏损。销量下滑，营业收入“腰斩”，全年净利润亏损 4.44 亿元。上年同期盈利 20.8 亿元，同比下降 121%。2019 年第四季度，东阿阿胶实现营业收入 1.29 亿元，净亏损 6.53 亿元。

分产品来看，阿胶系列产品依旧是东阿阿胶的主要营业收入来源，但是营业收入与占比大幅下滑。2019 年，东阿阿胶系列产品实现营业收入 20.43 亿元，占总营业收入的 69.06%。2018 年，东阿阿胶系列产品实现营业收入 63.17 亿元，占总营业收入的 86.08%。2019 年，阿胶收入同比大幅下滑 67.66%。分地区来看，2019 年，东阿阿胶在华东、华南、西南、西北、华中、东北六大地域营业收入都大幅下滑，仅在华北地域实现营业收入增长。阿胶产品销量大幅下滑也导致东阿阿胶的库存量激增。财务报表显示，在医药工业方面，2019 年销售量为 5 561 吨，同比下滑 32.09%；库存量为 2 711 吨，同比激增 234.15%。东阿阿胶表示，销售量下滑主要是因为阿胶系列产品销售量下降，库存量上升主要是因为部分产品备货库存量增加。

实际上，2019 年是东阿阿胶上市以来的首次亏损。公开资料显示，东阿阿胶于 1996 年登陆 A 股，上市以来业绩长期保持增长。财务报表数据显示，东阿阿胶最早的财务数据可以追溯到 1993 年。1993—2018 年，东阿阿胶仅在 2002 年与 2005 年净利润出现同比下滑情况，但仍保持盈利。2005 年之后，东阿阿胶净利润长期保持高速增长。根据东阿阿胶早前提供的资料，其净利润从 2006 年的 1.54 亿元增长到 2018 年的 20.87 亿元，连续 12 年保持正增长，持续创造着净利润新高，且净利润年复合增长率在 20% 以上。

业绩增长伴随着东阿阿胶的提价，据不完全统计，2006—2018 年，东阿阿胶共计提价十余次，涨价接近数十倍。但是在 2018 年，东阿阿胶净利润增速却突然骤减至 1.98%。在 2019 年年报中，东阿阿胶表示，2019 年是

① 财经思维. 净利润大幅下降八成后 东阿阿胶不得不内外转型［EB/OL］.（2019-07-24）［2021-06-30］. finance.sina.com.cn/roll/2019-07-24/doc-ihytcitm4158046.shtml.

东阿阿胶的“重塑年”。东阿阿胶主动清理渠道库存，严格控制发货，重建市场信心，短期内对业绩产生一定影响。东阿阿胶还表示，受新冠肺炎疫情影响，消费者去药店的概率大幅度降低，影响核心板块销售。但长期来看，疫情带来消费者的滋补保健需求日益增加，对做大产品和品牌带来机遇[①]。

第七节　收入高了却不敢消费

根据消费者行为理论，收入越高，预算线越往外移，预算集范围越大，理应有越多的消费。然而，虽然收入高了，很多家庭却不敢消费。原因是物价上涨，如果收入和物价同时上涨相同的比例，则预算线保持不变。如果物价比收入上涨更多，即使收入增加，预算线反而可能向内移动，使预算集范围变小，消费会更少。

随着房价、教育、医疗费用不断上涨，“三座大山”压得居民不敢消费。一是很多人每月要还房贷，房贷占据工资收入的大半，剩下的钱仅够维持日常开销。人们节衣缩食，高房价使他们的可支配收入减少，消费能力自然下降。如果房价高，即使自己有房子住了，人们也盘算着要多挣钱、多存钱，给孩子买房子。因此，北、上、广、深的居民，虽然年收入好几十万元，但动辄上千万元的房子，压力还是很大的。据调查，中国家庭近 80%的钱都用来买房，从家庭财富配置来看，我国城市家庭住房资产占比高达 77.7%，是美国家庭住房资产占比（34.6%）的约 2 倍。二是子女教育开支庞大。我国人口多、人均资源少，竞争激烈，许多家庭出于所谓的“不能让孩子输在起跑线上”，给孩子报各种兴趣班，到了小学、中学，补课费用居高不下，培训班的价格还不断上涨，压力越来越大，教育对家庭的消费能力也形成限制。三是看病贵、看病难，一病致贫的风险随时都有，昂贵的医药费用，使普通百姓不敢花钱。

国内的消费需求在削弱，主要是高房价、教育支出、医疗开支等大幅削减了居民的购买力。物价快速上涨、工资涨幅缓慢，导致居民消费能力受到很大的限制。居民要存点钱预防失业、生病以及养老等。预防性储蓄是居民

---

① 李之泽. 东阿阿胶上市 23 年首亏：销量下滑营收腰斩，全年净利亏损 4.44 亿［EB/OL］.（2020-03-27）［2021-06-30］. sohu.com/a/3834209410_100001551.

储蓄的主要原因，很多人的抗风险能力差，必须有一定积蓄，一旦发生什么家庭变故，可以及时应对。

新冠肺炎疫情发生后，很多学者预期会有报复性消费，因为疫情期间居家隔离严重抑制消费。西南财经大学中国家庭金融调查与研究中心调查显示，受新冠肺炎疫情影响，中国有五成家庭表示将增加储蓄并减少消费，新冠肺炎疫情让大家变得更加保守，更愿意存钱而不是消费。因为新冠肺炎疫情增强了居民的风险意识。如果没有大规模消费刺激政策，“报复性消费”不太可能出现。

第八节　主观偏好

（一）世界上什么东西最好吃

兔子和猫争论，世界上什么东西最好吃。兔子说：“世界上萝卜最好吃。萝卜又甜又脆又解渴，我想起萝卜就要流口水。”猫不同意，说：“世界上最好吃的东西是老鼠。老鼠的肉非常嫩，嚼起来又酥又松，味道美极了！”兔子和猫争论不休，相持不下，跑去请猴子评理。猴子听了，不由得大笑起来：“瞧你们这两个傻瓜，连这点儿常识都不懂！世界上最好吃的东西是什么？是桃子！桃子不但美味可口，而且长得漂亮。我每天做梦都梦见吃桃子。”兔子和猫听了，全都直摇头。那么，世界上到底什么东西最好吃？

这个故事说明了效用完全是个人的心里感觉。不同的偏好决定了人们对同一种商品效用大小的不同评价。

（二）穷人的旧木碗

一个穷人家徒四壁，只得带着一只旧木碗四处流浪。一天，穷人上一艘渔船去帮工。不幸的是，渔船在航行中遇到了特大风浪，被大海吞没了。船上的人几乎都淹死了，穷人抱着一根大木头，才得以幸免于难。穷人被海水冲到一个小岛上，岛上的酋长看见穷人带着的木碗，感到非常新奇，便用一大口袋最好的珍珠宝石换走了木碗，还派人把穷人送回了家。一个富翁听到了穷人的奇遇，心中暗想：一只旧木碗都能换回这么多宝贝，如果我送去很多可口的食物，该换回多少宝贝啊！于是，富翁装了满满一船山珍海味和美酒，找到了穷人去过的小岛。酋长接受了富人送来的礼物，品尝之后赞不绝口，声称要送给他最珍贵的东西。富人心中暗自得意。一抬头，富人猛然看见酋长双手捧着的“珍贵礼物”，不由得愣住了：它居然是穷人用过的那只旧木碗！

由此可见，所谓的“珍贵”与否，也就是我们所说的效用高低，同时还受着资源禀赋和文化习俗的影响。

（三）长工的玉米面饼

从前，某地闹起了水灾，洪水吞没了土地和房屋。人们纷纷爬上了屋顶和大树，想要逃脱这场灾难。在一棵大树上，地主和长工聚集到一起。地主紧紧抱着一盒金子，警惕地注视着长工的一举一动，害怕长工会趁机把金子抢走。长工则提着一篮子玉米面饼，呆呆地看着滔滔洪水。除了这篮子玉米面饼，长工已一无所有了。几天过去了，四处仍旧是洪水一片。长工饿了就吃几口饼，地主饿了却只有看着金子发呆。地主舍不得用金子去换饼，长工也不愿白白地把饼送给地主。又过去了几天，洪水退了。长工高兴地爬到树下，地主却静静地躺着，永远留在大树上了。在地主看来，抱着金子的效用比吃饼的效用要高，即使在快要饿死的时候，心理因素对效用的影响仍是很明显的。

第九节　新能源汽车保费更贵

近年来，新能源汽车受到市场追捧，然而近期让车主“闹心”的是新能源汽车的保费上涨。从市场普遍反映来看，涨价车型主要集中在特斯拉、蔚来、小鹏、比亚迪。特斯拉方面回应称，特斯拉车辆保费全国平均上涨幅度在10%左右。比较受关注的高性能版车型保费平均涨幅在20%以内。小鹏汽车发布的一份声明显示，小鹏汽车全线车型保费平均涨幅为2.9%~18.2%。

新能源汽车保费为何上涨？新能源汽车省下的油钱全都得用来买保险？微观经济学认为，保费与出险概率息息相关。车险费率反映被保险车辆的风险状况，新能源汽车的风险比燃油车的风险更大一些。新能源汽车的保单成本一向不低，维修费与出险率是主要原因。新能源汽车出险率更高、赔付率更高是市场共识。数据显示，2016年至2020年上半年，新能源汽车的整体出险频率高出非新能源汽车3.6%，家用新能源汽车的出险率更是高出非新能源汽车9.3%，家用新能源车型的案均赔款高于非新能源汽车2.7%。新能源汽车是新技术，新技术的稳定性需要时间来磨砺。

新能源汽车的技术更复杂，其保费变化也与保险责任拓宽有关。相比传统燃油汽车，新能源汽车自燃风险更高，电机、电池、电控系统损坏率更高，充电频率高且在充电过程中发生意外事故的风险更高，这全都涵盖在专属保险保障范围内。附加险中还新增了外部电网故障损失险、自用充电桩损失险和自用充电桩责任险对应的保障内容。若车主购买全险的话，保费上涨也在情理之中①。

扩大消费需求，需着力打通堵点

第一，加大收入分配调节力度，完善再分配机制，加大税收、社会保障、转移支付等调节精准度，促进城乡居民增收，缩小收入分配差距。

第二，完善社会保障体系，加快实现社会保障全覆盖。

第三，扩大中等收入群体，使其成为扩大消费的主力军。

第四，加快农业转移人口市民化，释放巨大的消费潜力。

第五，坚持“房住不炒”政策，降低高房价和居民高杠杆对消费的挤出效应。

第六，鼓励发展新型消费，加快培育网上零售、在线教育、互联网医疗等消费新模式新业态。

提高收入，稳定物价

消费者最优化时，对商品的需求函数 $X1$（$P1$，$P2$，M）取决于物价和预算收入。一般说来，对 $X1$ 的需求量与 $P1$ 呈反向变化，与 $P2$ 呈同向变化，与预算收入 M 呈同向变化。党和国家强调，要千方百计稳定物价，要千方百计增加居民收入。

---

① 金融时报. 新能源汽车保费大涨，原因是［EB/OL］.（2022-01-12）［2022-02-10］. https://baijiahao.baidu.com/s? id=1721741290829618157&wfr=spider&for=pc.

脱贫攻坚

2020年是全面建成小康社会目标的实现之年，也是全面打赢脱贫攻坚战的收官之年。我国要确保到2020年现行标准下农村贫困人口实现脱贫，贫困县全部摘帽，解决区域性整体贫困，做到脱真贫、真脱贫。我国要落实“五个一批”脱贫举措，发展生产脱贫一批、易地搬迁脱贫一批、生态补偿脱贫一批、发展教育脱贫一批、社会保障兜底一批。我国要切实提高城乡贫困人口收入，巩固脱贫攻坚成果，防止返贫。贫困人口脱贫致富是提高收入、促进消费、实现效用满足最大化的有力之举。

第四章 生产者行为

招商引资

本地缺少资金、缺少技术，但有土地和丰富的劳动力资源，如何发展经济？招商引资已被证明是行之有效的发展经济的方法。招外商招外资，引进资金和技术，在本地发展加工业。国内最早在深圳设立经济特区，以蛇口工业区为开端，建设开发区和工业园，引进外商和外资发展加工业，主要是出口导向加工业。因为劳动力成本和土地成本较低，产品价格较低，在国际市场具有竞争力。这种模式扩展到沿海一系列经济特区。至今，内陆地区几乎每个省（自治区、直辖市）都建设了开发区，吸引外资发展本地经济。招商引资也成为一个地区最为重要的工作之一。

建设数字中国

《中华人民共和国国民经济和社会发展第十四个五年规划和2035年远景目标纲要》第五篇“加快数字化发展 建设数字中国”提出：“迎接数字时代，激活数据要素潜能，推进网络强国建设，加快建设数字经济、数字社会、数字政府，以数字化转型整体驱动生产方式、生活方式和治理方式变革。”国家打造数字经济新优势，加快数字社会建设步伐，提高数字政府建设水平，营造良好数字生态。数字技术通过比特呈现信息，有效降低了数据存储、计算和传输的成本。数字经济研究数字技术是否改变和怎样改变经济活动。数字技术降低了经济成本，即降低了搜寻成本（search cost）、复制成本（replication cost）、运输成本（transportation cost）、追踪成本（tracking cost）、验证成本（verification cost）。

数据成为重要的生产要素

传统的生产要素包括劳动力、资本、土地、管理者才能等。随着网络时代的来临，数据成为重要的生产要素。数据在生产、流通、分配、消费全过程中发挥越来越重要的作用。数据是经济主体最优决策的基础。平台企业利用大数据，可以实现最优的商业流程，包括定价和供应链管理。基于大数据对客户的精准评估，可以实现对客户的精准广告投放或信贷等。流量入口平台掌握海量数据，可以从第三方广告投放获得巨额收益。

商业经营谨记两条准则

一是成本领先。成本比别人低，价格自然低，在市场上就有竞争力。中国商品横扫全世界各大超市，因为价格低，消费者超喜欢。这得益于前些年人力成本较低，也得益于丰富的、低价的资源，包括较低的环境治理成本。

二是差异化或与众不同。你有的东西别人没有，差也好，贵也好，都有人买。差异化主要通过创新来实现。

第一节　规模经济

（一）无锡高架桥事故后货车运输费用上涨

2019 年 10 月 10 日 18：06，位于江苏省无锡市锡山区境内的 312 国道 K135 处发生一起桥面侧翻较大事故，因正值下班高峰期，桥底至少有 3 辆私家车被压，共造成 3 人死亡，2 人受伤，造成重大社会影响。坍塌路段为无锡市重要交通路段，平时上下班高峰期时，该桥车辆通行量较大。

1 月 23 日，无锡市政府官方网站公布了该事故调查报告。事故的直接原因为两辆重型平板半挂车严重超载、间距较近（荷载分布相对集中），偏心荷载引起的失稳效应远超桥梁上部结构稳定效应，造成桥梁支座系统失效；梁体和墩柱之间产生相对滑动和转动，从而导致梁体侧向滑移倾覆触地。

事发时，肇事车辆前车挂车实际载有钢卷7卷，总质量160.545吨，比核定载重质量超出128.545吨，超载了401.7%。后车挂车实际载有钢卷6卷，总质量160.855吨，比核定载重质量超出131.855吨，超载了455%。

调查报告还指出，涉案公司安全管理严重缺失，存在严重漏洞；交通运输部门对辖区贯彻落实治理车辆超限超载工作情况督促检查不到位，没能及时发现并堵塞相关地区在交通安全行业管理和“治超”工作中存在的漏洞。

按照相关法律规定，因涉嫌重大责任事故罪，公安机关已对包括涉案公司实际控制人、法定代表人、肇事司机在内的12人采取刑事强制措施。17名交通部门负责人被给予行政处分。

规模经济理论指出，企业可以通过扩大经营规模降低平均成本，从而提高利润水平。货运市场竞争激烈，许多公司依靠低价赢得订单，但油价、人工、过路费等其他费用在上涨，且罚款、维修费用都包括在成本之中，企业为谋取利润就会选择超载。涉事车辆分别超载401.7%和455%，说明其超载已是非常猖獗。

此次事故对全国运输市场带来不小的影响。事故发生后，无锡、南京、苏州等地开展连夜“治超”行动，随后浙江、湖南、安徽、河南、广东、海南、福建等地也陆续开展“治超”行动。货车超载整治力度加大，据有关司机称，往常一辆6.8米的货车能运输30~40吨货，现在只能运输10吨，单位数量降低，只有运费上涨才能确保利润，江浙一带的货车运费已上调15%~20%。

网络型产业的成本特征

我国进入网络社会，人们的生活已经离不开互联网、网络商务、网络支付等。网络型产业具有高固定成本、低边际成本的成本特征。建设一个网络需要花费巨资，当网络建好以后，多产出一单位的边际成本几乎为零，因此平均成本不断下降，显示出很强的规模经济效应。互联网产业和传统的自来水、燃气等产业一样，具有自然垄断特征。

（二）市场规模：美国企业舍不得也离不开中国生意

亚当·斯密在《国富论》中指出，分工是经济增长的源泉，分工受限于市场范围。市场范围取决于运输条件。在亚当·斯密所处的时代，水运最具成本优势。实际上，即使是今天，水运的成本也是最低的。因此，全世界最先发达起来的地区总是沿海沿江地区。地理大发现发展了大规模市场，促进了欧洲的工业革命。钱德勒在《看得见的手》一书中描述了铁路、电报联通了全美大市场，促进了美国大规模工商业的发展。秦汉以来，中国是一个统一的大国，市场规模远远大于同期各国，这有利于分工的发展。直到19世纪中叶，近2 000年的时间里，中国一直是世界上最大最强的经济体。

2019年9月5日，据国际在线报道，美国企业既舍不得，也离不开中国生意。中国经济发展状况良好，不管是人口总量还是人均消费能力，都保持非常健康的市场规模和潜力。利润$=PQ-C$，Q足够大，就会有良好的盈利能力。

“中国市场与其他市场相比具有比较优势，是（受调查美国）企业收入增长的动力来源。”这是美中贸易全国委员会对其会员企业的一项最新调查所显示的结果。该调查显示，绝大多数的美国企业表示其中国业务盈利。表示其中国业务利润率高于总体业务利润率的受访企业比例从2018年的38%增加至2019年的46%。同时，大部分企业表示，中国业务收入在过去一年继续增长。值得注意的是，对于中国业务是否盈利这一调查，有97%的受访美国企业连续在2018年和2019年的两次调查中表示盈利，而这也是自2010年以来的最高比例。

尽管当前中美贸易关系紧张，但调查显示美国企业仍舍不得离开中国。87%的受访美国企业表示，既没有搬迁也没有计划将业务转到中国以外，接受调查的大多数美国公司仍致力于耕耘中国市场。

美国超市巨头开市客（Costco）超市在中国开业的第一天就迎来销售盛况，顾客蜂拥而至，把货柜几乎“买空”，开市客甚至不得不采取了“限流”措施来保证顾客的购物体验。

美国奢侈珠宝品牌蒂芙尼（Tiffany & Co.）的财务报表显示，在美国本土市场销量同比下滑之际，其在中国市场保持两位数增长。其首席执行官表示继续看好中国市场需求增长。

《纽约时报》有评论称，尽管美国的有些人可能想让美国工商界与中国保持距离，但中国对全球商业至关重要。美国企业与中国紧密相连，解除这种关系将是一个充满混乱的过程，并有可能对全球经济造成破坏性的影响。

强生集团中国区主席宋为群表示，强生集团支持公平、互惠的自由贸易合作关系。中国是强生集团全球业务非常重要的市场，强生集团对在华业务的发展高度重视。宋为群希望，中国政府继续致力于加快打造稳定、公平、透明、可预期的营商环境，更大激发市场活力，帮助强生集团在中国获得可持续的长期发展。

通用电气公司（GE）国际业务总裁兼首席执行官段小缨直言，通用电气公司一直以来都支持自由、公平的贸易以及自由进出美国和世界各地的市场。在当今世界经济反全球化和贸易保护主义思潮抬头的大环境下，中国向全世界释放了许多坚定的开放信号。段小缨说：“通用电气公司看好中国的发展远景，对中国的承诺也是长期和坚定的。我们相信中国扩大对外开放、鼓励外商进一步投资的决心和努力，令包括通用电气公司在内的外资企业对未来在中国的业务发展及加深与本地合作伙伴的合作充满信心。”

当星巴克首席执行官约翰逊被问及“在中国市场每 15 小时开设一家（星巴克）新店”这一速度能走多远时，他给出的答案是“至少未来 10 年”。他透露，在接下来三年，星巴克门店将会进驻中国 100 个还没开设星巴克的城市，“这其中任何一个城市的人口数量都大于洛杉矶（的人口数量）”。

此外，美国最大石油公司埃克森美孚公司决定出资 100 亿美元在广东建设大型独资石化项目；特斯拉的上海超级工厂在 2019 年 1 月动工，在 2019 年年底正式投产；福特宣布未来五年，在中国投资 114 亿美元用于研发，以适应中国消费者的需求……

美国荣鼎咨询公司的数据显示，2019 年上半年，美国企业在华投资 68 亿美元，较过去两年同期均值增长 1.5%。正是美国企业“用脚投票”，让投资规模逆势而上。正如美国商会副总裁布莱恩特所言，要求美国公司忽略有 14 亿消费者的巨大市场是不应该的。在此背景下，美中贸易全国委员会会长克雷格·艾伦对贸易给美国企业带来的潜在负面影响忧心忡忡：“失去市场份额很容易，收回却很难。美中两国政府回到谈判桌成为当务之急。”

中国银保监会主席郭树清此前就指出，美国进口商及跨国公司拿到贸易差额中的绝大部分利润，美国对中国货物贸易逆差将近60%来自外商投资企业，其中相当部分是美资企业，销售这些产品最终形成美国公司的收入和利润。美资企业全球海外销售总额增长的1/3来自中国市场。

对美国大小企业来说，其离不开中国的原因在于中国制造商在供应链、产业链上的生产能力以及满足其大量需求的同时亦能保证品质的能力。

中国以“促开放”作为“稳金融”的砝码，也带给包括美国企业在内的外企更多机遇。以征信领域为例，中国已建立全球规模最大征信系统，未来还将以高水平开放切实增加征信市场化有效供给。近年来，中国人民银行联合相关部门先后出台了外商投资企业设立企业征信机构和信用评级机构的政策规定和监管要求。

政策出台后，各大外资企业征信机构和信用评级机构排队进入中国市场，包括美国邓白氏等国际企业征信巨头在华设立子公司。美国标普、惠誉、穆迪三大评级机构也分别在北京注册独资法人评级机构。

需要指出的是，没有任何一家企业会愿意远离消费者。而据布鲁金斯学会预计，2009—2030年中国将新增8.5亿中产阶层人群，中产阶层占比将由2009年的12%上升到2030年的73%；中国消费将达到14.3万亿美元，占全球总量的22%。

波士顿咨询全球主席博克纳说：“不来中国市场参与竞争，对国际企业来说是个巨大的错误。”博克纳认为，中国市场不仅需求巨大，在数字科技、移动支付、智慧出行等新兴行业都有优势经验，“对于想成为全球领先者的企业，在中国市场竞争至关重要”。

作为一家全球咨询公司的主席，从其与各国企业客户的交流来看，跨国企业依旧对中国市场有浓厚的兴趣，其传达出的信号是：要保持竞争优势就要参与中国市场，只要能在中国市场取得成功，在其他市场也必然可以取得成功。

更重要的是，中国还在为外企提供更优发展环境。世界银行《2019年营商环境报告》显示，中国营商环境总体评价在190个经济体中排第46位，较2018年上升32位。其中，“开办企业”指标排名第28位，较2018年大幅跃升63位。

“中国营商环境好不好，在中国能不能赚到钱，外国企业包括美国企业已用行动表明了态度。”武汉大学国际法研究所教授漆彤认为，以2019年年初通过《中华人民共和国外商投资法》为标志，中国投资法治环境不断完善。企业在哪里投资营商、选择谁为合作伙伴，自然会根据自身利益和市场原则决定。

中国美国商会发布的《中国商务环境调查报告》显示，近80%的受访企业表示，中国投资环境正在改善或保持不变；62%的受访企业视中国为全球投资首要投资目的地或前三大投资目的地。

受益于此，不仅美国企业，全球跨国企业都把目光投向中国。例如，计划投资30亿欧元、规划占地2.9平方千米、年产能达40万辆的华晨宝马新工厂项目已在沈阳中德园正式启动建设；巴斯夫投资100亿美元在广东湛江建立一体化基地，这是其迄今为止最大海外投资项目。

中国商务部新闻发言人高峰说："我们欢迎世界各国包括美国在内的企业在华投资和经营，将继续创造良好的营商环境。"①

（三）企业规模应该大还是应该小

台湾台塑集团于1954年创立，主要经营业务是生产一种PVC粉。在1957年的时候，台塑企业还是世界上规模较小的PVC粉生产商。

台塑集团是王永庆事业的起点。台塑集团在王永庆接手之前生产的PVC粉，每月的产量仅有100吨，而且其产品在台湾市场上也只能卖出20吨。因为公司生产成本高，价格降不下来，所以PVC粉市场一直被日本企业所占领。

王永庆认为，如果公司仅仅按照台湾市场的需求量来确定企业的生产规模，成本就不会降下来，因此尽管只生产100吨产品但也还是卖不出去。假如能够通过扩大生产规模而降低成本，再进一步降低售价，就有可能增加销量，这样不但能夺回台湾市场，还能把产品推向全世界。

那么，到底扩大规模能不能降低生产成本呢？

王永庆认为这是可能的，因为台湾能生产PVC粉的原料很多，加之台湾劳动力丰富且工资水平较低。于是王永庆抱着"破釜沉舟"的决心，在台湾PVC粉供大于求的情况下毅然决定扩大规模。

1960年，台塑集团的PVC粉的月产量达到了1 200吨——这正是PVC

---

① 王思博. 美国企业的中国"生意经"：舍不得与离不开［EB/OL］.（2019-09-05）［2021-06-30］. china.chinadaily.com.cn/a/201909/05/ws5d707470a31099ab995de/a/_1.html.

粉生产的适度规模，实现了全世界范围内平均成本最低，不仅占领了台湾市场，且产品大量出口，变积压为短缺。

王永庆成功了，他的成功很大程度上受益于规模经济，当然还有其他方面的努力，如降低销售成本、加强内部管理、与国外合作等，但是最关键的还是扩大规模使得生产成本降低。王永庆也因此获得了“台湾经营之神”的称号。

第二节　完全竞争市场

（一）股票市场

规范运作的股票市场是一个接近完全竞争的市场。在这里，每种特定股票的价格都是由供需双方的市场力量所决定的。单个买者和卖者都无法对价格施加足够大的影响（两者都是价格的接受者）。同一个公司所有的股票都是同质的。股票经常被买进和卖出，频率很高，说明在这个市场里，资源在行业和地区间的流动和转移是很容易的。特别在信息技术很发达的时代，有关股票价格和公司的信息的传递与获得是很方便的。因此，在这样的市场里，股票价格就能比较充分地反映企业的价值，能够对人们在国民经济中有效配置资本起到一定的引导作用。不过，我们也要看到，在现实生活中，股票市场里大户的存在和不同程度的欺骗与操纵行为，损害了股票市场的正当竞争，干扰了市场在配置资本方面应起的作用。

（二）沉没成本

某人的衣柜里有一件红色外套。买下它是因为那天这个人逛了一下午的街，没找到满意的，又不甘心白来一趟，就放低要求随便拿了一件，结果一到家就发现它根本不适合自己。可是，几天后这个人还是穿着它去上班，因为总觉得新衣服一次都不穿，实属浪费，钱就白花了。于是，这个人就穿着这件不喜欢的红色外套，像个大红灯笼一样在公司里晃悠了一整天。

后来，这个人的一位学经济的朋友指出，这个人在这件事上连续犯了两次同样的错误——买衣服只因为逛了很久的街，穿衣服只因为花过了钱。这种“傻事”在行为决策学上叫做“沉没成本谬误”。意思是说，人们在判断是否要做一件事情的时候，实际上只应该考虑两个因素："它将给你带来多少好处"和"你需要为它付出多少成本"。但是，很多人还是习惯于把之前已经为这件事做过的投入也考虑进来——虽然这些投入不管是对是错，都是不可能再收回的了。

实际上，某人逛了一下午的街，花费掉的时间、精力以及为此忍受的双脚肿胀都是既成事实，都是"沉没"掉的。那么，其在决定要不要购买那件红色外套时，就不应该再考虑这些因素，而仅仅需要比较它能给自己带来的快乐和满足是否会超过自己为它付出的钱。同样的道理，买衣服的钱已经花掉了之后，穿与不穿都不能把钱再收回来，那么只有能够让自己穿着舒适、看起来漂亮的衣服，才是将其穿在身上的好理由。

也就是说，理性人做决策时，仅需比较下一步行为需要付出的成本和将来可收回的收益。至于在此之前的事情，不管怎样都是一个确定的常数了，不应该影响我们之后的决策。遗憾的是，许多研究都表明，正常人往往都是"亚理性"的，生活中这样犯傻的人不是随处可见吗?

在完全竞争企业的短期生产决策中，固定成本可视为沉没成本，只要产品价格高出平均可变成本，就应该生产。生产者剩余也根据收益减总可变成本来计算。

第三节 产品定价

（一）渗透定价：共享单车低价渗透

2014 年，ofo 小黄车公司成立。其创始人戴威提出了以"共享经济+智能硬件"解决"最后一公里"出行问题，创立了国内首家以平台共享方式提供自行车租赁服务的公司。ofo 小黄车通过建立无桩共享单车出行平台，使人们用智能手机就能快速租用和归还一辆共享单车，用可负担的价格完成一次短途骑行。2015 年 1 月，摩拜单车（mobike）公司成立，运营模式与 ofo 小黄车差异不大。之后，各种共享单车品牌纷纷创立，跑马圈地，抢占市场。

共享单车是网络型产业，通过互联网、智能手机终端、定位系统将位于城市各处的单车联结成网络型产品，具有网络外部性、网络效应、需求方规模经济、正反馈等特征。因为网络效应，人们使用某种共享单车，是因为其他人也在使用这种共享单车，使用的人越多，其价值越大，单车投放越多，服务越好，人们越愿意安装、注册和使用这种共享单车。如果他人全部使用某种共享单车，新用户就更有理由要使用它。若需求方开始抛弃某种共享单车，其网络价值下降很快，现有用户会加速离开。

新创立的网络型公司一般愿意在早期阶段进行投资，以建立起安装基础，业内将这种投资叫做“烧钱”。投入的资本一般来自风险投资机构。共享单车为了快速获得达到临界容量的安装基础，一般采取渗透定价策略。渗透定价是在产品进入市场初期，将价格定在较低水平，以尽可能吸引消费者使用该网络产品的营销策略。渗透定价的特点是低价或免费，甚至低于成本定价也是建立安装基础的常用策略。

2016—2017 年，各共享单车品牌纷纷采取渗透定价，主要形式有充值送费、周末免费骑行、低价月卡、送红包、集卡领奖等。尤其在获得风险投资之后，共享单车公司“烧钱”争夺用户，扩大安装基础，扩大流量。ofo 和摩拜单车两大巨头为争夺市场份额，更是展开“白刃战”，价格战是常见手段。

充值送费相当于补贴用户，使费率下降。2017 年，ofo 推出“暖心充值”活动，充 100 元送 100 元，充 50 元送 25 元，充 20 元送 10 元，吸引用户充值，并送出优惠。摩拜单车也推出充 100 元送 110 元，充 50 元送 30 元，充 20 元送 10 元的活动。充值送费相当于用车费率直接降低。很多消费者参与了充值送费活动，加上这些共享单车企业不断推出低价月卡和免费骑行活动，很多用户发现余额不降反升，骑了一两年之后，当初充值的金额基本上都未用完。

免费骑行就是执行价格为零。摩拜单车曾免费送出 1 000 万张月卡，用户领取后可以享受 30 天的免费骑行，骑行次数和骑行城市不限。摩拜单车老用户可以进入活动页面领取 1 张免费月卡；新用户在完成常规的实名注册、缴纳押金后，即可自动获得 1 张免费月卡。摩拜单车在全国超过 150 个城市开展新用户免押金试骑活动，用户通过微信小程序注册摩拜单车账户，即可享受 5 次免押金骑行。摩拜单车与 ofo 都搞过周末免费骑活动，用户在周末两天内可以随意用车，无论时间和次数都是免费的。小蓝单车于 2017 年 3 月 4 日 0 时至 3 月 10 日 24 时，全国运营城市同步免费骑行一周。

低价月卡是共享单车吸引用户、扩大流量的促销手段。其既有拉新客户注册的考虑，也有保持已注册用户使用活跃度的考虑，本质上都是为了扩大流量，以更好的用户数据去推进融资。2017 年，ofo 小黄车不断推出“1 元包月，轻松畅骑 30 天”和“1 元包月，全民 1 元骑”活动。用户花费 1 元购买月卡，30 天内免费骑行，月卡不限地区全国通用。摩拜单车也推出 2 元畅骑 30 天，5 元畅骑 90 天的月卡活动。不管是 1 元、2 元包月还是 5 元包季，低价月卡都能锁定用户，培养用户的忠诚度。

共享单车提供商为了吸引客户、增进客户体验、增强客户黏性，推出红包车活动。例如，摩拜每天随机将一些单车设置为红包车，红包车在地图上会有红包图标，2 小时内骑行红包车免费，超过免费时长部分按正常价格计价，有效骑行超过 10 分钟可以获得随机现金红包；把单车骑到的位置越热门，如地铁站、商业中心等，获得大金额红包的概率就越大；有效骑行的距离越长，获得大金额红包的概率也越大。ofo 的规则描述如下：规范用车，并在结束行程后将车辆停放在指定的自行车停放区以内，获得大红包的概率将大大增加。红包车活动的现金激励可以鼓励用户参与，助力单车的有效调度。2017 年国庆期间，ofo 小黄车不仅推出国庆免费骑活动，而且在 10 月 1 日至 10 月 8 日每天 7：00~23：59 期间，全国每一辆 ofo 小黄车都会有红包随机派送，每个红包金额为 100 元以内，用户骑行小黄车只要时长超过 3 分钟且距离大于 200 米即可获得现金红包；每位用户每天最多可以获得 3 个现金红包。相比摩拜最低 1 元、最高 100 元的红包范围，ofo 的红包最高可达 5 000 元，红包现金可转入用车余额，超过 10 元可提现。共享单车提供商时不时送出优惠券，摩拜有骑行券，ofo 有用车券，消费者可以用骑行券或用车券抵扣车费。

共享单车提供商不时推出集卡有奖活动，这也是增进客户体验、增强客户黏性的营销手段。例如，针对中国传统节日“七夕节”，ofo 小黄车推出主题为“1 元骑出爱”的七夕骑行集卡活动，在 8 月 27 日 0 时至 9 月 6 日 23：59 骑行 ofo 小黄车集齐“牛郎”“织女”“二八车”“公主车”和“鹊桥”5 种“七夕卡”便可赢得 77. 77 元现金奖励。活动期间，用户每完成一次骑行超过 200 米的订单，即可随机获得“七夕卡”一张；每位用户每天只有前 5 次骑行可能获得“七夕卡”。除自己骑行小黄车集卡外，用户还可以与好友互换获得不同的“七夕卡”，以集齐 5 种，并赢得奖励。摩拜在

5月23日至5月30日推出“宝箱车”活动，用户骑上“宝箱车”，有效骑行2分钟以上，即可获得主题为食材的贴纸1张；集齐5种不同食材的贴纸，就能获得55.5元现金奖励。

（二）共享充电宝告别“1元时代”

2019年9月10日，《北京日报》报道，聚焦共享充电宝价格，涨价后还会用吗？“以前借一个共享充电宝，花上一两元钱就能把手机充满了，现在只用一个小时就得好几元钱。”共享充电宝方便又便宜，一直是周女士出门时常用的充电工具，但此番涨价后，她觉得租用充电宝实在不划算。最近，街电、来电、小电、怪兽等品牌的共享充电宝的使用价格都出现了一定程度的上涨。记者走访多家商场和餐厅后发现，充电费用仍然保持在每小时1元钱的机柜已经非常少见了，部分机柜甚至出现了每小时4~5元的定价。

市民方女士说：出门在外手机电量不够时，扫码借个共享充电宝已经成了很多人的习惯。“共享充电宝随处都能借到，比自己随时带个充电宝在身上方便多了，关键是还便宜。”

共享充电宝自2016年起步后，到2019年已经在商场、写字楼、餐厅、便利店等商业区域实现了大面积覆盖。在许多人印象中，共享充电宝一般每小时只需1元钱。

如今，每小时1元的低价已经成了过去时。记者走访餐厅、美发店、商场、写字楼后发现，街电、来电、怪兽等品牌的共享充电宝的使用费用都出现不同程度的上涨，每小时2元、半小时1.5元、每24小时封顶30元是最常见的价格。商场里一名正在归还充电宝的用户说：“充4个多小时花了15块钱，太贵了。”该用户还表示，以后打算只充上足够用的电，不会再把手机充满了。少量仍然维持着较低价格的共享充电宝机柜变得更加抢手。

曾经低价的背后，是共享充电宝企业通过“烧钱”实现市场扩张的。小电创始人兼首席执行官唐永波公开表示，小电在扩张最快的时期，曾经在一个月里铺了7万~10万台的设备，一口气进入20个城市。聚美优品创始人兼首席执行官陈欧也曾对街电下令，一个月要“烧光”30亿元。

以极低的价格实现“跑马圈地”之后，国内共享充电宝的市场基本形成了“三电一兽”的竞争格局。2019年7月15日，移动互联网大数据监测平台Trustdata发布的《2019年中国共享充电行业发展分析简报》显示，

2019 年共享充电宝市场全年的用户规模已经达到 1.5 亿人（次）。其中，排名前 4 的街电、小电、怪兽、来电的市场份额占比分别达到 28.6%、27%、25.1%和 15.6%，几乎垄断了共享充电宝市场。

市场格局基本稳定后，留下来的企业结束了盲目扩张，开始更多地考虑利润、成本和影响力的问题。从这一轮的涨价潮可以看到，共享充电宝走出了打价格战的初级发展阶段，开始谋求更长久的盈利模式。

同时，共享充电宝企业也开始布局海外市场。2018 年年底，来电科技在入驻印度尼西亚后又宣布正式落地俄罗斯。2019 年 4 月初，街电宣布将进军韩国市场，与韩国本土科技公司合作推出的共享充电宝已经在首尔的许多餐饮、商超完成部分投放。

对于共享充电宝的涨价，不少网友表示“无法接受”，但也有许多网友认为，企业需要盈利，用户对共享充电宝也有刚需，在合理范围之内的涨价可以接受。据了解，目前已有共享充电宝企业实现盈利。涨价的背后，似乎也预示着行业向上发展的趋势。

2018 年年初，小电共享充电宝的收入增长 4 倍后扭亏为盈。根据聚美优品的年报数据，2018 年，聚美优品旗下的街电共享充电宝的营业收入增长了近 10 倍，在长期通过“烧钱”抢占市场之后，已经实现了规模化盈利。2019 年 4 月 17 日，怪兽充电再次完成了新一轮的 3 000 万元融资。2019 年，美团点评正在全国范围内布局共享充电宝项目。

“与外卖平台的发展路径类似，共享充电宝平台培养起用户的消费习惯后，下一步将通过涨价把以前的补贴投入赚回来。”业内人士认为，共享充电宝涨价是正常的市场行为，但能否让消费者买单还很难说，如果价格过高将逼迫更多人随身备用自己的充电宝。“涨价的同时，也需要提升服务水平，比如提供更大功率的充电宝来提升充电速度。”

重视轻工业

中华人民共和国成立初期，国家采取重工业优先发展的战略，这与当时迫切需要建立国家工业体系有关。但是，这并不代表轻工业不重要。改革开放以前，由于我国轻重工业结构失衡，国家不得不对消费品实行调拨分配，大多数消费品凭票证限量供应。1978 年，我国轻工业产品严重短缺，食糖每人 3.3 千克，皮鞋每 100 人 10.5 双，自行车每万人 85.1 辆，吃肉、打油、买布都要排长队凭票购买，市场处于全面紧张状态。1979 年 9 月，全国计划会议提出对轻工业实行“六个优先”，即原材料、燃料、电力供应优先，革新改造优先，基础建设优先，银行贷款优先，外汇及引进技术优先，交通运输优先。轻工业发展获得了前所未有的优惠政策。1981 年的《政府工作报告》把消费品工业的发展放到重要地位。轻工业优先发展，一方面丰富了消费品供应，使老百姓的生活水平得到提高；另一方面可以吸收大量就业，对当时知青返城就业以及后来的农村剩余劳动力转移起到了非常重要的作用。我国轻工业快速发展对出口创汇也立下了汗马功劳。轻工产品的出口竞争力一直持续到今天，得益于我国较低的劳动力成本。

（三）中国稀土卖出了“土”的价格[①]

2021 年 3 月 1 日上午，中华人民共和国国务院新闻办公室（以下简称“国新办”）就工业和信息化发展情况举行发布会。工业和信息化部（以下简称“工信部”）部长肖亚庆指出，2021 年 1 月，工信部发布了《稀土管理条例》（征求意见稿）。稀土是战略性资源。工信部发布这个条例，主要是根据稀土长期发展的战略和市场需求以及在实际发展中存在的问题来进行一些规范。这个规范的目的，就是让市场在配置资源中起决定性作用。政府在维持市场秩序中也要发挥好作用，该放的放，该管的要管住。中国是稀土大国，资源量最多，出口量也最多。

肖亚庆指出，第一，有一个现象值得我们关注，我们的稀土没卖出“稀”的价格，卖出了“土”的价格，就是因为恶性竞争、竞相压价，使得这种宝贵的资源被浪费掉了。第二，有机会可以看一看我们稀土生产企业，确实有不少环境保护问题，当地群众反应非常强烈。因为稀土市场好，就使劲地采、使劲地挖、使劲地炼，环境保护方面有很多反映。第三，稀土为什么叫“稀土”，是因为它是稀有的资源。现在无序的开采、资源的浪费，有的开采企业只开采最富裕的那块资源，中国话叫“挖白菜心”，把最好的开采走了，资源综合利用效率很差。从长期来看，用几年没有了，资源综合利用也会有问题。第四，稀土发展低水平重复非常多，而高水平的稀土产品确

① 肖亚庆. 中国稀土没卖出“稀”的价格，而是卖出了“土”的价格［EB/OL］.（2021-03-01）［2021-06-30］. https://baijiahao.baidu.com/s?id=1693001282478445077&wfr=spider&for=pc.

实还比较少，这样不利于技术创新和科技进步。因此，这方面我们应该向日本的企业学习，日本的很多企业在稀土的高端化方面做了很多工作。

肖亚庆表示，工信部作为行业主管部门，关键是要把自己的职责履行好，把自己的事情做好。产业链的国际分工和经济的全球化是一个大趋势，在这个过程中，你中有我，我中有你，需要大家携起手来，共同应对在经济发展过程中和在市场发展过程中资源、能源、产品各方面的需求，推动进一步的、健康的、可持续的发展。

第四节　要素报酬

（一）生产要素参与分配

党的十九届四中全会把“按劳分配为主体、多种分配方式并存”作为社会主义基本经济制度的同时，进一步指出要“健全劳动、资本、土地、知识、技术、管理、数据等生产要素由市场评价贡献、按贡献决定报酬的机制”。健全这一分配制度，对于调动各类生产要素参与生产的积极性、主动性、创造性，让各类生产要素的活力竞相迸发，让一切创造社会财富的源泉充分涌流，具有极其重要的理论意义和实践价值。

早在 1997 年，党的十五大就提出把按劳分配和按生产要素分配结合起来，坚持效率优先、兼顾公平。但长期以来，哪些生产要素可以参与分配，如何按生产要素来分配收入等问题，在理论上并不十分明确。党的十五届四中全会通过的《中共中央关于国有企业改革和发展若干重大问题的决定》提出“实行董事会、经理层等成员按照各自职责和贡献取得报酬的办法”，认可了管理作为生产要素参与收入分配。在此基础上，党的十六大报告又进一步指出：“确立劳动、资本、技术和管理等生产要素按贡献参与分配的原则，完善按劳分配为主体、多种分配方式并存的分配制度。”党的十八届三中全会通过的《中共中央关于全面深化改革若干重大问题的决定》进一步加入了知识这一生产要素。党的十九届四中全会首次增列数据作为生产要素，这就形成了一个完整的生产要素体系。

劳动、资本、土地是数量型的生产要素，适应了我国经济高速增长阶段的需要。知识、技术、管理是质量型生产要素，反映了高质量发展对生产要素的投入要求；数据是经济活动数字化进程的需要，体现了数字经济快速发展背景下分配制度的与时俱进。

劳动、资本、土地、知识、技术、管理、数据等生产要素要参与分配，但是生产要素怎样参与分配？按什么标准来决定不同生产要素在分配中的比例？党的十六大明确提出了生产要素按贡献参与分配的原则，意味着生产要素参与分配参照的不是要素的投入，而是要素对价值创造的贡献，贡献越大，分配越多。但谁来决定要素的贡献呢？党的十九届四中全会提出“健全劳动、资本、土地、知识、技术、管理、数据等生产要素由市场评价贡献、按贡献决定报酬的机制”，明确了由市场来评价贡献的机制。生产要素的贡献由市场说了算，各类生产要素的所有者在市场交易中，通过生产要素的供求变化和价格来反映要素的稀缺度，进而评价要素的贡献。某种生产要素更稀缺，这种生产要素在收入分配中的话语权就大，市场对其评价就高，其贡献就大。相应地，其分配的可能就多。例如，近年来，劳动力相对稀缺，市场对劳动力的贡献评价就高，劳动报酬在国民收入分配中的比例在提高。随着我国经济转向高质量发展阶段，对知识、技术、管理等资源的需求增加，这些要素的稀缺度提高，市场对其贡献的评价就高，其在收入分配中的比例也会相应提高。我国实行以增加知识价值为导向的分配政策，提高科研人员科技成果转化收益分享比例，注重发挥企业家精神等，就是对这一趋势的反映。

生产要素参与分配

党的十九大报告指出：“坚持按劳分配原则，完善按要素分配的体制机制，促进收入分配更合理、更有序。”劳动、资本、技术、管理者才能、数据等要素都在价值生产中做出了贡献，大多数要素缺一不可，应该获得相应的回报。如果要素不获得回报，那么要素自身就得不到补充，要素自身的再循环就会中断。如果要素不参与分配，要素的主人就没有激励把要素投入生产。

（二）明星为何获得巨额收入

近年来，中国明星的天价片酬广受批评，特别是出现阴阳合同、逃税等问题，让国人非常愤慨。明星拍个电影或电视剧动辄获得几千万元甚至上亿元的报酬。明星还通过做产品代言，获取巨额的代言收入，却提高了广告产品的价格，让消费者为其买单。一些代言产品或者因为价格太高，或者因为品质不好，并没有存活多久，明星代言似乎加速了一些产品的死亡。明星还霸占着一些综艺节目的屏幕，是不是所谓的达人，明星说了算。相亲类节目也请来明星点评，似乎明星的婚姻最靠谱。财经节目、演说家节目、鉴宝节目也要请来明星助阵……

很多人认为，明星的高报酬是市场行为，有人愿意为他们的高报酬买单。一是投资方为明星买单，二是消费者为广告产品买单。

从 $W=P\times MP_L$ 可知收入分配的依据。工资收入取决于产品价格 P 和边际产量 MP_L。明星获得高收入的原因也在于这两个因素：一是明星代言产品的价格很贵，如某明星代言的某有机奶价格几乎是其他同类牛奶价格的两倍；二是明星的边际产量很高。这又得益于两个因素：其一是中国大市场。中国这么大的人口规模，而且经济高速发展，居民购买力大大增强。二是信息网络化无限扩大了明星的市场范围。通过互联网商业操作，中国明星几乎可以覆盖全球华人。从这种意义上说，国际明星的收入会更高，因为他们覆盖的受众是全世界。

同样的故事可以推演，为什么村子里那个技艺超群的木匠收入仍然非常有限？一是产品价格有限，二是市场范围有限，其面对的是自己所在的村子和邻近的村子，仅此而已。如果该木匠运用网络化手段，扩大其市场范围，就可能创造更高的收入，如建立工厂，又如拍摄视频在视频网站上供人欣赏，可以获得更高的广告方面的收入。

国家最可敬、最可爱的人

全国抗击新冠肺炎疫情表彰大会于 2020 年 9 月 8 日在北京人民大会堂举行。钟南山被授予“共和国勋章”，张伯礼、张定宇、陈薇被授予“人民英雄”国家荣誉称号，大会还对抗击疫情先进集体等进行表彰。习近平主席为获奖者颁奖，他们是国家最可敬、最可爱的人。

（三）滥竽充数：边际产量为零

战国时期，齐宣王爱好音乐，尤其喜欢听吹竽，手下有300个善于吹竽的乐师。齐宣王喜欢热闹，爱摆排场，因此每次吹竽的时候，总是叫这300个人合奏给他听。

有个南郭先生听说了齐宣王的这个爱好，觉得是个赚钱的好机会，就跑到齐宣王那里吹嘘："大王啊，我是个有名的乐师，听过我吹竽的人没有不被感动的，就是鸟兽听了也会翩翩起舞，花草听了也会合着节拍颤动，我愿把我的绝技献给大王。"齐宣王很高兴，痛快地收下了他，把他编进那支300人的吹竽队伍中。

从这以后，南郭先生就随着那300人一块儿合奏给齐宣王听，和大家一样拿优厚的薪水和丰厚的赏赐，心里得意极了。

其实南郭先生撒了个弥天大谎，他压根儿就不会吹竽。每逢演奏的时候，南郭先生就捧着竽混在队伍中，人家摇晃身体他也摇晃身体，人家摆头他也摆头，脸上装出一副动情忘我的样子，看上去和别人一样演奏得挺投入，瞧不出什么破绽。南郭先生就这样混过了一天又一天，不劳而获地白拿薪水。

可是好景不长，过了几年，齐宣王死了，他的儿子齐湣王继承了王位。齐湣王也爱听吹竽，可是他和齐宣王不一样，他喜欢听独奏。于是齐湣王下了一道命令，要这300个人好好练习，做好准备，一个一个轮流吹竽给他听。乐师们都积极练习，想一展身手，而滥竽充数的南郭先生却急得像热锅上的蚂蚁，惶惶不可终日。他想来想去，觉得这次再也混不过去了，只好连夜收拾行李逃走了。

南郭先生滥竽充数时，他的边际产量为零，如果按照$W=P\times MP_L$来计算工资，他只能得到零元钱的工资，可他却领到了优厚的薪水，是个十足的骗子。

第五节 成本上升行业：口罩原料熔喷布每吨价格上涨10倍还缺现货

完全竞争市场的长期供给曲线是水平线，位于长期成本曲线的最低点，即 $P=\min LAC$，很多学生困惑这与供给曲线向右上方倾斜的常识不一致。

解释这一问题的关键是成本可变性，如果随着市场生产规模扩张，成本保持不变，则完全竞争市场的长期供给曲线是水平线，这是成本不变行业的情形。如果是成本递增行业，完全竞争市场的长期供给曲线是向右上方倾斜的。

据《华夏时报》报道，截至2020年2月29日，包括普通口罩、医用口罩、医用N95口罩在内，全国口罩日产能达到1.1亿个，日产量达到1.16亿个。口罩产能产量都翻番了，核心原料熔喷布却出现了“一布难求”的情况。

“没有现货！没有现货！最低20万元一吨。”“要货的人太多了，现在供货厂家熔喷布全部为订单生产，基本上没有库存了，新客户要想拿货靠前怎么也得35万元一吨。”

新冠肺炎疫情发生前，口罩的“核心”熔喷布价格不高于3万元/吨，现在最低报价已经是20万元/吨，而且还很难买到现货。两周前，采购价格还是9万元/吨，最高的也就13万元/吨。

30个省（自治区、直辖市）都陆续新增了口罩生产线，同时还不断有新的口罩生产线投产。业内人士估计，2020年3月有6 000台口罩机上线，按照一吨熔喷布可满足10台口罩机1天的用量推算，6 000台口罩机投产意味着口罩企业的熔喷布用量每天要增加600吨。

“我们企业是新投产的口罩线，还没有建立稳定的供货商，可是不能刚开工就停产吧，只能到处寻找原料，实在不行只能高价买料了。”有一批新转产的口罩线都面临着“求料无门”。

在此次新冠肺炎疫情发生之前，国内熔喷无纺布行业总体产能并不大，国内生产熔喷布的大型厂家数量也不多。据产业用纺织品行业协会的统计，

2018 年中国熔喷法无纺布产能达到 83 240 吨，实际产量为 53 523 吨。截至 2018 年 12 月底，国内连续式熔喷法无纺布生产厂家仅有 61 家，比 2017 年减少了 9 家；生产线有 136 条，比 2017 年减少了 2 条。

中国石化作出上马 10 条熔喷布生产线的决策，其中 8 条由仪征化纤建设，于 2020 年 4 月中旬陆续建成投产，每天可以生产 8 吨 N95 熔喷布或 12 吨医用平面口罩熔喷布；另外 2 条由燕山石化建设，于 2020 年 3 月投产，每天可生产 4 吨 N95 熔喷布或 6 吨医用平面口罩熔喷布。

同时，国内大型熔喷布生产商如日恒天嘉华、天津泰达洁净、贝里国际集团、山东俊富、欣龙控股（集团）等，都在开足马力生产，想方设法提高产能。大连瑞光非织造布集团有限公司产能从 2020 年 1 月 28 日投产时的 4~5 吨，增加至 8~10 吨。

广西、山东、上海等地企业也投产了新的熔喷布生产线。河南新野纺织股份有限公司 2020 年 3 月 3 日发布公告称，公司将投资 1.2 亿元在新野县纺织产业集聚区投资建设高档纺熔复合非织造布项目，项目建成后预计年产高档纺熔复合非织造布 2.5 万吨[①]。

阶段性减税降费，为企业纾危解困

2020 年新冠肺炎疫情发生后，全国各地实施阶段性减税降费政策，为企业纾危解困，渡过难关。2020 年新增减税降费超过 2.5 万亿元。减税降费对民营中小微企业更是雪中送炭，很多企业享受到增值税增量留抵退税、社保费减免。2020 年四川省民营经济税收减免 1 306.9 亿元。四川省 2020 年共拨付稳岗补贴资金 46.96 亿元，惠及约 29.74 万户企业。四川省帮助企业降低用电用气用水成本约 55 亿元。四川省实施小微企业“战疫贷”贴息政策，落实贴息资金约 2.4 亿元。税费是企业成本的一部分，降低成本，有利于企业减亏或扭亏为盈。

① 于娜. 口罩原料熔喷布“一布难求”，每吨上涨 10 倍还缺现货［EB/OL］.（2020-03-07）［2021-06-30］. baijiahao.baidu.com/s? id=1660512404470620758&wfr=spider&for=pc.

第六节 关门点：餐饮企业为何宁愿继续关门也不愿复工

关门点是平均可变成本曲线的最低点。只要价格高出平均可变成本，则继续营业。如果价格低于平均可变成本，则意味着可变成本都弥补不了，加上固定成本的损失，理应关门歇业。

受新冠肺炎疫情影响，“从大年初四开始停业，加上年前采购的二三十万元的海鲜，保守估计直接亏损已达上百万元。”福建泉州一家海鲜酒楼老板告诉记者，酒店还在停业，工人工资经协商减半支付，但每月工资和房租支出仍近 20 万元。

中国烹饪协会发布的《2020 年新冠肺炎疫情对中国餐饮影响报告》指出，2020 年春节期间 93%的餐饮企业选择关闭门店，损失惨重。相比 2019 年春节，约 78%的餐饮企业营业收入损失达 100%以上；约 9%的餐饮企业营业收入损失在 90%以上；约 7%的餐饮企业营业收入损失在 70%~90%；营业收入损失在 70%以下的餐饮企业占比仅为约 5%。

随着新冠肺炎疫情形势好转，多地餐饮企业陆续开业，但市场仍呈萎缩状态，行业复苏尚需较长时间，部分餐饮企业面临入不敷出的难题。生死大考面前，餐饮企业除积极自救外，仍需“有形之手”予以更多扶持。

“目前酒店开业近一个月了，但仍处于休眠状态。”闽西长汀县的一家酒店负责人告诉记者，2020 年 1 月底到 3 月底，酒店取消了 800 多桌订单，仅此一项损失就超过百万元。

受新冠肺炎疫情影响，自 2020 年 1 月 25 日起，全国范围内众多大型商场停业，多家连锁餐饮企业宣布停业，部分地区还出台了禁止所有餐饮店铺营业的紧急通知。饭店餐厅、大排档、美食街、烧烤摊、小吃店纷纷歇业。

福建省餐饮烹饪行业协会常务副会长翁贵明告诉记者：“春节期间仅福建一省的餐饮企业损失就超过 300 亿元。”

餐饮行业消费萎缩已传导到产业链上游，如蔬菜、鸡鸭等农产品和食品加工企业产品，也受到影响，滞销积压。

“2 月，基地里冰菜、水果椒、小番茄等蔬果，都烂在了地里。”厦门市鑫美园果蔬专业合作社的何添文说，受酒店停业、学校工厂延长假期、交通不畅等因素影响，700多亩的蔬果基地直接损失达数百万元。

据农业农村部公布的信息，受新冠肺炎疫情影响，家禽行业损失严重，个别家禽企业损失超亿元。在福建，一些地方的特色畜禽养殖产业也遭受沉重打击。以长汀县为例，当地共有400余家河田鸡养殖户和合作社，年出栏商品鸡400多万只，主要面向长汀本地以及福州、厦门、广州等地酒店餐饮市场。受活禽市场和酒店餐饮企业停业影响，河田鸡滞销养殖户损失惨重。

随着疫情出现积极变化，各地餐饮企业陆续恢复营业。除了开展线上经营外，餐厅堂食和包厢业务也逐渐在恢复。但从整体看，无论是外卖还是堂食消费，都尚未恢复到正常水平。

三明市宁化县是福建省首批确定的无疫情县，也是福建省内最早允许餐饮企业开门营业和有序开放堂食的地方之一。在有着240多家店铺的客家美食城，记者看到，开门营业的店铺不到10家。

“客流量少，已经营业的门店也是以外卖为主，日营业额不到之前的1/3。”经营着13个门店的一家客家菜连锁店负责人告诉记者，从2020年2月19日恢复营业以来，公司在宁化县和福州市的门店中已有四家开始营业，但市场反应非常平淡。

受新冠肺炎疫情影响，人员流动和人们外出就餐需求大幅度减少的情况仍没有实质性改变。“预计餐饮行业恢复最早要到2020年4~5月。”无论是外卖还是堂食，报复性消费出现的概率都极小。

目前，多地已出台扶持餐饮企业恢复发展的政策措施，一些企业也积极展开自救。记者在一些已经放开对餐饮行业部分限制的地区采访发现，仍有不少企业因担心营业后入不敷出带来更多损失，而迟迟不愿开业。

“不开店损失多少心里有数，若开业了生意不好，则有可能是个无底洞。”福州一家海鲜餐厅负责人说，大型企业有谈判筹码，若不开业，便于和业主商量减免房租，还可以节省人员工资。

重创下的餐饮企业，还需走过三道坎，期待有关部门提供精准扶持。

第一道坎：警惕资金断流关。多家餐饮企业反映，经营形势一时难以好转，企业资金流是个大问题，希望有关部门能加大支持力度，保障银行不抽贷断贷，降低餐饮企业银行贷款上浮利率；适当延后企业还本付息时间或给予免息贴息支持；给予一般餐饮企业特定的银行工资薪金信贷等。同时，餐饮企业希望政府能给予一定时间期限内的税收、水电费、垃圾处理费等减免政策支持。

为了支持餐饮企业渡过难关，一些地方已经出台了专门政策，延期缓缴税费、落实税费优惠、减免租金等。但有受访企业反映，希望通过行业协会协调撮合企业与私人业主协商减免房租，与企业共度时艰。

第二道坎：开拓新市场仍有难度。为减少损失，在福建厦门等地，一些中高档酒楼开始试水外卖配送业务，增加配送能力、研发新菜品、拓展新业务。在福建莆田和漳州等地，政府和当地餐饮烹饪协会推动餐饮企业以“移动餐吧”形式，进驻小区、写字楼和工业园区。

但一些餐饮企业的外卖业务开展得并不理想。福建省餐饮烹饪行业协会倡议餐饮企业与外卖平台合作，希望餐饮企业改变经营方式，减少损失，但部分大型餐饮企业并不积极。

“堂食和包厢业务占餐厅营业收入的大头，外卖附加值低，大型餐饮企业难以仅靠外卖模式维持贷款、房租、员工工资以及外卖平台的高佣金。”福建一家酒店餐饮部负责人说，目前能通过外卖方式恢复一定活力的还是那些原本就顺应外卖模式而生的小型餐饮企业。

对此，中国餐饮烹饪协会提出，各地可以考虑通过地方政策鼓励或招募餐饮企业与社区、居委会进行合作，设立便民供餐点，帮助企业开拓社区市场。

也有受访企业表示，外卖外送平台佣金费率没有优惠甚至有所提高，建议有关部门能引导其阶段性逐步降低佣金费率，或者出台相应的帮扶措施等，合力帮助餐饮企业开拓新市场。例如，厦门已提出，对利用网络营业收入超过60万元的餐饮企业，按网络营业额的2%给予不超过25万元的奖励。

第三道坎：防护物资仍捉襟见肘。有受访餐饮企业反映，企业恢复营业仍面临着口罩、防护服、消杀用品等防护物资紧缺等问题。福建蜀都丰餐饮管理有限公司副总经理周文锐说，寻购防疫物资困难，成为业内部分企业复工难的原因之一①。

---

① 《瞭望》新闻周刊. 一些餐饮企业宁愿继续关门也不愿复工，为何？[EB/OL].(2020-03-21)[2021-06-30]. baijiahao.baidu.com/s? id=1661766121698531050&wfr=spider&for=pc.

第七节 价格刚性：猪肉涨价，为什么肉包子却没有涨价

2019年以来，猪肉价格越来越贵，都涨到28元/斤了，那么肉包子涨价没有呢？

垄断竞争行业有一个价格刚性特征，说的是即使成本发生变化，可能在一段区间内，价格保持不变。有卖包子的店主表示，猪肉价格大涨，自己却一直没敢变动价格，但进入2019年8月下旬，猪肉价格突破20元/斤后，实在扛不住了，这几天终于决心涨价，肉包子每个涨价0.5元，其他包子价格不变。从顾客反应来看，顾客还是比较接受的，原因是原料涨价了，包子也涨价了。

但是，绝大多数包子铺的肉包子并没有涨价，为什么呢？包子铺类似于寡头厂商，A店铺涨价，B店铺不一定跟着涨价，A店铺的顾客就会流失很多。若A店铺降价，B店铺也会跟着降价，A店铺降价并不会导致需求量增加很多，这是斯威齐模型讨论的内容。当猪肉涨价时，肉包子的边际成本上升，与折断的边际收益曲线相交，价格却保持不变，即价格刚性。包子铺、点心店到处都有，竞争比较激烈，因为怕流失客户，谁也不敢率先涨价，大家都在静观其变。

包子铺的早点样式很多，并不仅仅是肉包子，还有菜包、红糖包、大饼、油条、糖糕、豆腐脑、豆浆等，为了害怕顾客流失，即使肉包子利润不赚钱，但别的产品照样有利润，生意照样可以做下去。

在原来的价格水平上，实际利润已经较为丰厚，包子铺不着急涨价，也有利可图。包子的价格一般是每个2~3元，惯例定价很少以0.1元为单位，至少是以0.5元为单位。若2元涨到2.5元，则涨了25%；若2元涨到3元，则涨了50%。这样可能赶上甚至超过猪肉价格的涨幅，会招致顾客的反感。

包子铺也可以从制作上降低成本，价格不变，但肉馅可以缩小，包子可以由大做小，顾客则能表示理解。猪肉价格上涨，包子做小点是正常逻辑①。

① 张平. 猪肉越来越贵，为什么肉包子却没有涨价？[EB/OL].（2019-09-04）[2021-06-30]. sohu.com/a/338738518_104543? scm=1001.0.0.0.

第八节　价格歧视

（一）天价月饼经济学

每到中秋佳节之时，月饼都是阖家团圆必不可少的佳品。广式、苏式、滇式等，琳琅满目；馅料也是五花八门，推陈出新。

经济学感兴趣的是月饼的定价。从几元钱一个的普通款月饼，到包装精美、上千元的月饼礼盒，应有尽有。那么月饼的定价模式是什么？以某著名品牌的双黄莲蓉月饼为例，该款月饼一盒 4 个，每个约 185 克，在网店的价格是 200 元，在实体店的价格是 328 元，那么它的生产成本是多少呢？根据辅料食用油、优质面粉、白糖、莲蓉馅料的成本费用，再加上均摊的水电费、人工费，每千克月饼制作成本价为 30 元，每个月饼生产成本只有 5.55 元左右[①]。

从 2019 年 8 月下旬开始，贵州省人民医院职工食堂的门前就排起了长队，抢购闻名当地的“省医月饼”。这一热销月饼分两种包装：散装的每斤 45 元，塑料盒装的每斤 50 元。北京稻香村负责人介绍，2019 年中秋节计划月饼产量近 4 900 吨。散售袋装月饼价格为 7～15 元，月饼礼盒大多在 100～200 元。中国焙烤食品糖制品工业协会发布的《2019 年全国月饼行业发展趋势报告》显示，2019 年月饼行业在包装上以盒装为主，简装和散装产品预计占 20%～30%的市场份额。

几十元的月饼装进礼盒就卖三五百元。月饼的过度包装造成极大的浪费，也直接拉高了产品价格。在北京前门大栅栏商业街，一家店铺的销售人员介绍，同样 9 个月饼，单买只需要几十元，如果有包装，价格则从 100 多元到 200 多元不等。一位多年从事月饼销售的业内人士介绍，过度包装月饼的利润空间很大。“月饼的成本不到 10 元，礼盒的成本 10 元，装在一起可以卖 80 元甚至 200 元。”在某电商平台上，一套单层纸盒价格为 10～20 元，单层铁盒、木盒价格为 20～30 元，双层以上的包装盒的价格为 40～60 元，

---

① 章舟. 天价月饼经济学：成本几块钱，如何卖到几百上千［EB/OL］.（2019-09-13）［2021-06-30］. sohu.com/a/340679692_313745.

提篮式礼盒价格为68元。“一般来说，几十元的普通月饼装进提篮礼盒，就能卖300~500元。”[①]

月饼行业包装成本占到大部分，除了包装材质推陈出新，包装设计也争奇斗艳，这些包装是极大的浪费，过完节后，楼下的垃圾桶堆满了月饼礼盒。

同样的月饼，为什么要过度包装？为的是价格歧视。过度包装的礼盒月饼卖高价，极简包装的月饼卖低价。自己买月饼来吃的消费者，一般选择极简包装，要的是月饼，包装有何用？近年来，随着党风廉政建设深入人心，月饼逐渐回归正常的食品属性，越来越多的消费者更加重视口味，极简包装渐成主流。在上海南京路的几家老字号店铺，虽然商家也提供礼盒装的月饼，但多数消费者会选择散装月饼，用纸袋或塑料袋直接带走。好几位排队的消费者都说：“我只在乎味道，包装越简单越好。”

过度包装的礼盒月饼卖高价，因为是礼物商品。礼物商品本质上是礼品属性，而不是食物属性。因此，几个月饼装进精美的礼盒，价格就成百上千元，似乎越是价格贵，越是显得礼重情长。既然是礼物商品，购买者的价格敏感性低，甚至越贵越好，取决于送礼者的送礼需要。礼物商品具有炫耀性商品属性，跟普通商品相比，越是价格高，越是显得与众不同。例如，名牌包、豪车、名贵珠宝等，其价格远离其作为包、车、饰品的实用属性，炫耀性占主导。

2020年月饼市场流行“节俭风”

2020年受新冠肺炎疫情影响，注定是困难的一年。习近平总书记做出重要指示，坚决制止餐饮浪费行为，切实培养节约习惯，在全社会营造浪费可耻、节约光荣的氛围。2020年中秋月饼包装朴素又简约，部分月饼的尺寸、克数也变小了。散装月饼家庭消费更实惠，不少“迷你散装小月饼”连小朋友也能一口一个。因为包装朴素，礼盒月饼价格大多在100~200元，散装月饼价格则在几元到几十元不等。

---

① 李嘉瑞，等. 月饼过度包装调查：60多元月饼装礼盒卖三五百元［EB/OL］.（2019-09-13）［2021-06-30］. baijiahao.baidu.com/s? id=1644469683560581964&wfr=spider&for=pc.

（二）共享单车定价

供应商为了获得更高的收益和利润，常常就相同的产品或服务对不同的消费者群体收取不同的价格，这叫做价格歧视。价格歧视之所以能够实行，是因为不同的消费者群体对该产品的需求价格弹性存在差异，一些消费者的需求价格弹性大，对价格比较敏感。这通常是经济较为紧张、购买力有限的消费者群体。一些消费者的需求价格弹性小，对价格不敏感。这通常是比较富裕、购买力较强的消费者群体。经济学原理提出，对需求价格弹性小的用户可以收取高价，对需求价格弹性大的用户应该收取低价。对于共享单车这样的网络型产品，对需求价格弹性大的用户收取低价符合供应商的利益。

小黄车 ofo 将用户分为两类：一类是学生，另一类是普通用户。一般认为，学生没有收入，对价格比较敏感，需求价格弹性较大，应该定低价。通过实名认证后，ofo 对学生按照 0.5 元/小时的价格收费，对普通用户则按照 1 元/小时的价格进行收费。

小黄车 ofo 推出 1 元月卡的时候，有些消费者对价格不敏感，没有申请月卡，因而是高价 1 元/小时。有些消费者对价格敏感，积极申请月卡，因而价格很低，几乎为零。共享单车推出集卡有奖活动，对价格敏感的消费者，积极参与集卡活动，集卡成功可以领取一定金额的奖励，相当于补贴了需求价格弹性高的消费者。需求价格弹性小的消费者对集卡活动没有兴趣，从而每次都是高价。红包车、充值送费等活动也是如此。只有对价格敏感的消费者才会积极关注红包车或充值送费活动，在领取红包和参与充值送费活动之后，价格降低了，对价格不敏感的消费者，不参与这类活动，因而是高价。

摩拜单车有两款主要车型，即摩拜经典版单车和摩拜 Lite，收费标准分别是 1 元/半小时和 0.5 元/半小时。从满足消费者骑行从 A 地到 B 地的需求来说，骑行这两款单车的实质差异并不大。但是考虑到不同消费者有不同的需求价格弹性，对价格敏感的消费者可以选择 0.5 元/半小时的车型，而对价格不敏感的消费者随便选择哪一种车型。这种车型上的差异，类似于版本划分，如图书有精装版和平装版，软件有专业版和简易版，飞机有头等舱和经济舱。其实质的差别不大，为了实施价格歧视，人为设计出有差别的区分。摩拜经典版单车的造价在 2 000 元左右，摩拜 Lite 的造价在 1 000 元左右。

（三）市内景区对市民的年卡优惠价

据成都市金沙遗址博物馆公布的门票价格及优惠政策，成人全价是 70 元。根据国家和成都市有关政策，制定了半价优惠范围、免费范围、八折优惠范围。金沙遗址博物馆也提供年卡优惠价格，年卡价格为每人每年 100 元，不限次数。金沙遗址博物馆对市民还销售家庭亲情卡，每家庭每年 200 元。

一些市民特别是金沙遗址博物馆附近的居民办理了年卡和家庭亲情卡，周末、节假日、傍晚经常到金沙遗址博物馆散步、活动健身，里面空气好、空间大、绿化好、设施完备。

年卡一般是针对本地市民的优惠定价，在经济学意义上，这其实是一种价格歧视，对外地游客定高价，对本地市民定低价。

外地游客需求价格弹性小，他们已经支付了机票价格到了本地，景点门票只占旅行费用很低的比例，因此对景点消费的需求价格弹性小。本地市民大多是已经去过此景点，且门票价格占本次旅行费用的很大比例，因此需求价格弹性大。对需求价格弹性小的消费者定高价，对需求价格弹性大的消费者定低价，这就是价格歧视。通过对本地消费者定低价，还可以拉动其带客人去景点旅游，从而具有扩大景点消费的作用。

（四）大数据“杀熟”

同样是预订豪华湖景大床房，享受 8.5 折优惠价的钻石贵宾客户，预订费用居然比别的用户贵一倍？遭遇大数据“杀熟”的消费者把商家告上了法庭。浙江省绍兴市柯桥区人民法院开庭审理了胡女士诉上海携程商务有限公司侵权纠纷一案。法院经审理查明，胡女士一直都通过携程应用程序来预订机票、酒店，因此是平台上享受 8.5 折优惠价的钻石贵宾客户。2020 年 7 月，胡女士像往常一样，通过携程应用程序订购了舟山希尔顿酒店的一间豪华湖景大床房，支付价款 2 889 元。然而，离开酒店时，胡女士偶然发现，酒店的实际挂牌价仅为 1 377.63 元。胡女士不仅没有享受到星级客户应当享受的优惠，反而多支付了一倍的房价。胡女士与携程沟通，携程以其系平台方，并非涉案订单的合同相对方等为由，仅退还了部分差价。

胡女士以上海携程商务有限公司采集其个人非必要信息，进行大数据

“杀熟”等为由诉至法院，要求退一赔三并要求携程应用程序为其增加不同意“服务协议”和“隐私政策”时仍可继续使用的选项，以避免被告采集其个人信息，掌握原告数据。柯桥区法院审理后认为，携程应用程序作为中介平台对标的实际价值有如实报告义务，其未如实报告。携程向原告承诺钻石贵宾客户享有优惠价，却无价格监管措施，向原告展现了一个溢价 100% 的失实价格，未践行承诺。携程在处理原告投诉时告知原告无法退全部差价的理由，经调查也与事实不符，存在欺骗。因此，法院认定被告存在虚假宣传、价格欺诈和欺骗行为，支持原告退一赔三。新下载携程应用程序后，用户必须点击同意携程“服务协议”和“隐私政策”方能使用，如不同意，将直接退出携程应用程序，这是以拒绝提供服务形成对用户的强制。携程应用程序的“服务协议”和“隐私政策”均要求用户特别授权携程及其关联公司、业务合作伙伴共享用户的注册信息、交易、支付数据，并允许携程及其关联公司、业务合作伙伴对用户信息进行数据分析，且对分析结果进一步进行商业利用。携程应用程序的“隐私政策”还要求用户授权携程自动收集用户的个人信息，包括日志信息、设备信息、软件信息、位置信息，要求用户许可其使用用户信息进行营销活动、形成个性化推荐，同时要求用户同意携程将用户的订单数据进行分析，从而形成用户画像，以便携程能够了解用户偏好。上述信息超越了形成订单必需的要素信息，属于非必要信息的采集和使用，其中用户信息分享给被告可随意界定的关联公司、业务合作伙伴进行进一步商业利用更是既无必要性，又无限加重用户个人信息使用风险。原告因之不同意被告现有“服务协议”和“隐私政策”合乎情理，应予支持。

据此，法院当庭作出宣判，判决被告上海携程商务有限公司赔偿原告胡女士投诉后携程未完全赔付的差价 243.37 元及订房差价 1 511.37 元的三倍支付赔偿金，共计 4 777.48 元，并且被告应在其运营的携程旅行应用程序中为原告增加不同意其现有“服务协议”和“隐私政策”仍可继续使用的选项，或者为原告修订携程旅行应用程序的“服务协议”和“隐私政策”，去除对用户非必要信息采集和使用的相关内容，修订版本需经法院审定同意①。

---

① 市场监管半月沙龙. 大数据杀熟！携程被判退一赔三［EB/OL］.（2021-07-16）［2021-09-30］. https://baijiahao.baidu.com/s? id=1705370275843974626&wfr=spider&for=pc.

上海市消保委曾在不同平台测试了订房、买菜等业务，结果发现，如今的“杀熟”已从1.0版的“熟客卖高价”，演变到2.0版的“千人千面”“千人千价”。由于“千人千价”由原价与各种优惠券组成，而各种优惠券并不是账号钱包里原有的，而是算法临时生成的，因此，“二代杀熟”更为隐蔽，也更能被合理化解释。

业内观察人士表示，胡女士的遭遇属于网络平台销售中的熟客高价，算是大数据“杀熟”1.0版本中比较典型的现象。不过，携程方面在这起诉讼中围绕大数据“杀熟”的解释，非常强调不同等级会员参与不同优惠营销活动导致同一产品出现不同定价。这一说法引起不少消费者的疑问，因为这些优惠活动何时举行、优惠券如何产生，解释权全在网络平台及其关联单位一方。这与上述大数据“杀熟”2.0版本很类似。

携程对同一酒店不同人不同手机订房价格不同的解释中，最常见的理由就是酒店的各式各样的优惠活动，至于这些优惠券是如何产生的，并没有看到官方解释。

2021年4月，携程、滴滴、美团等10家网络平台在广州共同承诺不利用大数据“杀熟”。不过，业内人士认为，平台自律固然重要，但从根本上杜绝大数据“杀熟”现象，还是要靠法治。

针对大数据“杀熟”的相关法规正在制定或即将实施。2021年7月2日，国家市场监督管理总局对《价格违法行为行政处罚规定（修订征求意见稿）》进行公开征求意见。其中明确指出，对同一商品或服务在同等交易条件下设置不同价格的，可以并处上一年度销售总额1‰以上5‰以下的罚款。此外，2022年1月1日起实施的《深圳经济特区数据条例》，也明确规定，若对交易条件相同的人实施差别待遇，最高可罚5 000万元①。

大数据杀熟是利用平台所掌握的客户数据，能识别每一个消费者的支付意愿或支付能力，对不同的消费者收取不同的价格，实现千人千价甚至万人万价。不同类型手机订房价格不同，这是三级价格歧视。苹果手机用户或许支付能力或支付意愿更强，需求价格弹性更低，因而定高价；安卓手机用户反之，则定低价。大数据“杀熟”是一级价格歧视，即完全价格歧视，其建立在平台掌握每一个消费者的信息的基础之上。

---

① 楚山. 携程输掉官司但不承认杀熟，千人千价神似大数据杀熟2.0版［EB/OL］.（2021-07-16）［2021-06-30］. sohu.com/a/477860539_121113940.

第九节 卡特尔协议：
减产协议未达成致国际油价大幅下跌

卡特尔模型显示，卡特尔组织是不稳定的，每个厂商都有打破卡特尔协议增加产量的动机，产量增加则价格会下降。卡特尔协议会由于种种力量（如政治力量）达成，如果石油输出国组织达成减产协议，其市场结果是产量减少、价格提升。

2020 年 3 月 7 日，据央广网报道，由于石油输出国组织（欧佩克）和以俄罗斯为首的非欧佩克产油国没能就 2020 年 3 月底以后的原油生产政策达成一致，国际油价在 3 月 6 日出现恐慌性下跌，西德克萨斯中国基原油（WTI）和布伦特原油期货双双下跌约 10%。

截至当地时间 3 月 6 日收盘，纽约商品交易所 4 月交货的轻质原油期货价格下跌 4.62 美元，收于每桶 41.28 美元，跌幅为 10.07%；5 月交货的伦敦布伦特原油期货价格下跌 4.72 美元，收于每桶 45.27 美元，跌幅为 9.44%。

金联创石油经济首席研究员钟健分析，国际油价大幅下挫的主要诱因就是产油国没能就减产协议达成一致，3 月 6 日欧佩克减产协商失败是造成油价大跌的一个主要原因。俄罗斯拒绝了减产 150 万桶的提议，认为当前油价下跌有许多是投机因素，应该再观察一段时间以后再做决定。但这毕竟是欧佩克减产三年以来第一次联合减产协商失败，出乎市场的预料，对市场的影响冲击很大。

当地时间 3 月 6 日，欧佩克与非欧佩克产油国联合部长级会议在奥地利维也纳举行。俄罗斯能源部部长诺瓦克在会后接受采访时说，由于欧佩克和非欧佩克产油国未能就下一步如何应对达成共识，从 2020 年 4 月 1 日开始，这些国家将不再受到生产上限或减产的约束。

有国际咨询机构分析，一旦现有减产协议在 2020 年 3 月底到期，市场将面临生产不再受到约束的局面，无减产协议带来的风险将更加明显。

本次油价大幅下挫的另外一个诱因就是新冠肺炎疫情在海外的蔓延。油价大跌还受到了海外疫情的影响，但海外疫情对经济的冲击目前还停留在恐慌情绪阶段，实际影响没有体现出来，油价和疫情的关联主要受到美国资本市场大幅下挫的连带作用影响。钟健分析，3 月 6 日的减产协议失败并不是最终结果，欧佩克在 3 月 18 日左右还会召开一次会议，届时产油国之间还将对减产协议进行协商，如果减产协议达成一致，油价可能会出现快速回升。

不过，高盛银行认为，即便欧佩克与非欧佩克产油国进行额外减产，也不足以阻止全球石油市场在 2020 年第二季度出现供应过剩。高盛银行认为，需求上涨才是油价持续回升必需的催化剂①。

第十节　为什么牛奶盒子是方的，可乐瓶子是圆的

牛奶盒子做成方的，旨在降低储存成本。根据几何原理，同样容积的量，方的物体所占的体积要比圆的少。方的物体与方的物体可以紧密接触，而圆的物体与圆的物体即使紧密接触也存在缝隙。牛奶需要冷藏，冷藏柜耗电较大，因此装得越满，越有规模经济效应。体积相同的冰箱，把牛奶盒子做成方的，可以最大限度利用空间，提高冰箱利用率，减少运营成本。可乐大部分时候放置在开放式货架上，不需要冷藏，开放式货架的运营成本较低，可以承受圆形瓶子所带来的开支，不用耗电那么多。

牛奶盒用纸质材料就可以胜任，纸质材料容易做成方的东西，方的盒子各个角互相借力，容易固定，不易垮塌。纸质的材料若做成圆形盒子，容易垮塌。纸质方盒还是服从节省成本的逻辑。

为什么可乐瓶不做成方形？人们对圆的东西更有感觉，手握圆瓶比方盒感觉更好。牛奶只是存储在方盒中，喝的时候倒在圆形的杯中。可乐装在圆形瓶中，因为二氧化碳气体的原因，即使是呈圆形的易拉罐或瓶子，内部会形成一定的压力，产生一定的稳定性。可乐不适合用纸质材料，因为纸质材料不易做成圆形。

---

① 蒋勇. 减产协议未达成一致导致国际油价大幅下跌约 10%［EB/OL］.（2020-03-07）［2021-06-30］. baijiahao.baidu.com/s? id=1660510793708490802.

第十一节 地摊经济是一次性博弈的次品市场

2020年3月，成都市城市管理委员会发布新规，允许临时占道、允许店铺临时越门、允许商贩流动贩卖、允许商场占道促销，坚持柔性执法和审慎包容监管，能不处罚就不处罚。浙江、湖北、江苏、山东、河南等地的多个城市也陆续出台指导意见，为摆地摊“松绑”。上海支持特色小店开展“外摆摊”经营，实施“轻微免罚”制度。

2020年5月28日，李克强总理答中外记者提问时提道：“我们西部有个城市，按照当地的规范，设置了3.6万个流动商贩的摊位，结果一夜之间有10万人就业。”2020年6月1日上午，李克强总理在山东烟台考察时表示，地摊经济、小店经济是就业岗位的重要来源，是人间的烟火，和“高大上”一样，是中国的生机。中央文明办在2020年全国文明城市测评指标中，明确要求不将占道经营、马路市场、流动商贩列为文明城市测评考核内容。这次调整，看上去幅度是不大，却关系着千万底层民众的生计。

一是让困难群众有钱赚，有饭吃，给他们机会渡过难关。二是成本低，人人都能做，人人都能挣。三是烟火气背后是人气，是旺盛的商业气。给地摊经济松绑，关乎百姓生计，一方面创造就业，对冲新冠肺炎疫情对就业的影响；另一方面活跃商品和服务市场的交易，稳定经济发展。

微观经济学告诉我们，地摊货、流动商贩销售的商品不可避免地陷入劣质、缺斤少两、以次充好的局面。地摊货在人们的心目中是“劣质”的代名词，当然也是便宜的。收入比较低的消费者可能选择地摊，购买低价商品，也图个方便。但是，便宜无好货，这是亘古不变的真理。

原因在于顾客和地摊、流动商贩的交易是一次性博弈，即使摊主欺骗顾客，顾客也找不到他索赔，因为摊主往往是“打一枪换一个地方”。

超市和顾客进入的是重复博弈。在重复博弈中，诚信会产生。如果超市欺骗，消费者不再信任这家超市，超市会失去这位长久的顾客。被欺骗者可能将超市欺骗的信息告诉别的消费者，如媒体曝光，超市会失去更多的消费者。失去消费者的超市，也就没有了生存之地。因此，超市会注重维护自己诚信的声誉。在商业的世界，诚信代表了一切。但对地摊上的流动商贩而言，一次性博弈让诚信的价值降低了。要解决地摊商品的劣质问题，固定摊位是一个好办法，让摊主固定在一个地方摆摊，这样可以进入重复博弈，从而实现诚信交易。

第十二节　自来水是自然垄断行业

近年来，全国工商系统查办了一批供水企业垄断案，这是工商部门对公用企业滥用市场支配地位限制竞争行为的有力宣战，体现破除行业垄断，维护统一开放、公平诚信、竞争有序市场环境的决心。

综合分析这些供水企业垄断案可以发现，供水行业的垄断行为的表现形式及特点大同小异。供水行业存在的滥用市场支配地位行为主要有以下三类：

一是在无正当理由的情况下，强制要求用水户购买与其限定品牌一致的供水器材。例如，供水企业强制要求用水户出资购买其指定品牌、规格型号的水表、阀门、管材等产品（系供水企业通过政府招投标确定或供水企业自行确定，且价格高于同类商品的市场价），否则不予供水。

二是在无正当理由的情况下，强制要求用水大户将供水工程的设计、施工等业务交由供水企业承担或供水企业指定的企业承担。供水企业采取代政府招标等方式，强行要求房地产开发商、生产用水企业等用水大户将供水工程的设计、施工等工程业务交由供水企业承担或其变相指定的企业承担（被指定的设计、施工单位与供水企业有着千丝万缕的联系，且工程造价高于市场价）。

三是在无正当理由的情况下，强制用水户缴纳用水保证金、押金等，并且长期占用这些资金及利息等，严重侵犯用水户的合法权益①。

自来水、燃气、电信等行业是自然垄断行业。全世界从来没有家庭安装有两家或以上公司的自来水水管和水龙头。这类行业的特点是高固定成本、低边际成本。高固定成本体现为管道或线路安装成本，低边际成本是指管网装好之后，多使用一单位服务的边际成本很小，几乎为零。这些行业的平均

① 高萱，林涛. 从6件垄断案分析供水行业垄断行为特点［EB/OL］.（2017-02-09）［2021-06-30］. 360doc.com/content/17/0212/00/9851038_628513675.shtml.

成本不断降低，具有显著的规模经济效应。这意味着全部市场由一家厂商经营的成本最低，如果产量由两家以上的厂商来供给，则 $AC(Q) < AC(Q/2)$，因此这类行业自然而然具有垄断特性。

政府管制部门对自然垄断行业不是要打击其垄断市场，引入第二家厂商来竞争，而是要打击其垄断行为。如果相关企业依靠其垄断地位，行使霸王条款、产生腐败、发生侵权，则是市场监管部门查处的目标。

第十三节 机器对人工的替代

随着技术的进步，机器对人工的替代不管是生产部门还是服务部门都在发生。随着人工成本不断上升，技术的成本不断下降，机器对人工的替代加速了。

随着机器对人工的不断替代，“打工难”的日子可能要来了，原本“招工难”，变成了“打工难”。富士康作为国内最大的代工巨头企业，近年来人工成本不断上涨，富士康启动了“机器人计划”，即通过机器人代替人工的方式，来降低人工成本支出。工业机器人与人工相比，相对来说成本还是比较低的。一台机器人抵得上 3 名工人，且在工作稳定性上更好，可以 24 小时不间断工作，使用机器人代替人工提高了效率。

快递分拣大厅的“小黄人”已取代了人工分拣员的工作。“小黄人”就是全自动智能分拣机器人，一天分拣快递量能多达 24 万件。货物经过初分后，工作人员在出货口的位置，手动将货物放到机器人的盘子上，机器人会提前“排好队”，一个装完出发，下一个再补上。承载着货物的机器人会进行红外线扫描，识别出该货物面单上的条形码是属于哪个站点，机器人将货物投递到该站点对应的出口。到达指定位置后，机器人将货品投到出口。每个机器人的路线都是由编程设计好的最优路线，密密麻麻的机器人不会撞到一起翻车。一个小黄人的工作效率至少是人工分拣效率的 8 倍①。

在金融业，人工智能正在取代营业部员工。包括花旗银行、德意志银行在内的多家外资金融机构表示将在未来数年大幅裁员并启用人工智能。波士

---

① 腾讯大粤网. 一天能分拣 24 万件快递的“小黄人”，你见过吗？[EB/OL].（2018-04-26）[2021-09-30]. gd.qq.com/cross/20180426/1PPA3612.html.

顿咨询公司与中国发展研究基金会联合最新发布报告认为，未来十年，中国将有230万个金融岗位被人工智能替代，即23%的金融从业人员将失业。交易类、风险审核类、客户服务类以及后台财务类等岗位将更有可能面临颠覆。随着信息技术的发展，机器就能完成以前人工的工作。例如，自动柜员机取代了营业部员工，网银、手机银行、支付宝、微信等取代了现金支取。不少金融机构的营业网点正在收缩。2017年上半年，五家国有大型商业银行的网点减少了162个，基层柜员裁员约2.7万人，而智能柜台在不断铺开①。

发展数字经济

《中共中央关于制定国民经济和社会发展第十四个五年规划和二〇三五年远景目标的建议》提出："发展数字经济，推进数字产业化和产业数字化，推动数字经济和实体经济深度融合，打造具有国际竞争力的数字产业集群。加强数字社会、数字政府建设，提升公共服务、社会治理等数字化智能化水平。建立数据资源产权、交易流通、跨境传输和安全保护等基础制度和标准规范，推动数据资源开发利用。扩大基础公共信息数据有序开放，建设国家数据统一共享开放平台。保障国家数据安全，加强个人信息保护。提升全民数字技能，实现信息服务全覆盖。积极参与数字领域国际规则和标准制定。"

降低经营成本，促进民营经济健康发展

2018年11月16日，《中共四川省委 四川省人民政府关于促进民营经济健康发展的意见》提出，进一步降低民营企业经营成本，全面落实税收优惠政策；严格清理规范涉企收费；推动降低要素成本。2018年11月28日，《中共成都市委 成都市人民政府关于促进民营经济健康发展的意见》提出，降低民营企业经营成本，降低税费成本、降低用工成本、降低用地成本、降低用能成本、降低物流成本。

---

① 王逸. 未来十年 人工智能将侵蚀国内230万金融岗位?［EB/OL］.（2018-06-13）［2021-09-30］. finance.eastmoney.com/news/1350,20180613887456995.html.

抗疫情，促发展，政府采购向中小微企业倾斜

新冠肺炎疫情发生之后，中小微企业面临普遍的经营困难。政府采购将加大向中小微企业倾斜力度，以缓解疫情对其生产经营的影响，帮助企业渡过难关、平稳发展。政府鼓励采购人在现行政策基础上进一步提高面向中小微企业采购的金额和比例。采购人或采购代理机构在组织采购活动时，应当在采购文件中注明该项目专门面向中小企业或小微企业采购。政府优先选择小微企业供货商，免收投标保证金，严格执行价格扣除政策，给予履约支付支持，鼓励组成联合体参与政府采购，免费提供电子采购文件。

第十四节　营商环境就是生产力

近年来，我国各地特别重视优化营商环境。营商环境是市场经济繁荣发展的土壤，是市场主体繁荣兴盛的氧分。营商环境之于企业，就是水和鱼的关系。李克强总理强调，营商环境就是生产力，各地既要积极抓项目建设，更要着力抓环境建设，由过去追求优惠政策洼地，转为打造营商环境高地。世界银行《全球营商环境报告 2020》显示，中国营商环境在全球 190 个经济体中排名第 31 位，较 2019 年的第 46 位大幅提升。国内对此给予高度关注。2019 年 10 月，国务院制定了《优化营商环境条例》，之后，一些地区也陆续通过了本地区的优化营商环境条例。

按照国务院《优化营商环境条例》的规定，营商环境是指企业等市场主体在市场经济活动中所涉及的体制机制性因素和条件。世界银行将营商环境定义为企业从开办到结束各环节所面临的环境状况。《黑龙江省优化营商环境条例》将营商环境定义为市场主体在准入、生产经营、退出等过程中涉及的有关外部因素和条件，主要包括政务环境、市场环境和法治环境。

良好的营商环境是一个国家或地区经济软实力的重要体现，是提升国家或地区综合竞争力的重要方面。营商环境影响企业的生产经营成本，进而影响企业的利润。营商环境越好，交易成本越低，分工演进越有潜力，创新和投资越有利可图。人们不会去营商环境差的地方投资，因为交易成本太高导致无利可图。我国沿海沿江地区率先发达起来，一是因为得天独厚的水运成本优势，二是因为长期的通商文化使营商环境更为完善。

世界银行的《全球营商环境报告 2020》主要从商业规制层面评价全球 190 个经济体，涉及 12 项一级指标、49 项二级指标，包括开办企业、办理建筑施工许可、获得电力、财产登记、获得信贷、中小投资者保护、纳税、跨境贸易、执行合同、办理破产、劳动力市场监管和政府采购。“开办企业”反映开办企业的难度，主要考察企业注册登记所需办理的程序数、所需时间（天数）、所需成本（成本占该经济体人均收入的百分比）、实缴资本下限 4 个维度。“办理建筑施工许可”反映企业申请建设建筑许可证的难度，主要考察按质量控制、安全机制等规定申请建筑施工许可手续所需的程序数、时间和成本。“获得电力”反映企业获得电力供应的难易程度，主要考察企业接入电网获得电力供应所需要的程序数、时间和成本、电力供应的稳定性、电力费率的透明性。“财产登记”反映企业获得产权保护的程度，主要考察注册登记财产所需完成的程序数、时间、成本以及土地管理系统的质量。“获得信贷”反映企业获得信贷融资的难度，主要考察动产抵押法规和信用信息系统。“中小投资者保护”反映投资者保护程度，主要考察关联交易和公司治理中的小股东权利保护。“纳税”反映企业承担的税负，主要考察遵守税法缴税难易程度、所需时间、总税额、缴税率以及归档程序。“跨境贸易”反映企业进出口贸易的便利程度，主要考察出口比较优势产品以及进口汽车零部件的时间和成本。“执行合同”反映合同执行的效率，主要考察解决商业纠纷的时间、成本以及司法程序的质量。“办理破产”反映破产程序的难易，主要考察商业破产的时间、成本、结果、回收率以及破产法律框架的力度。“劳动力市场监管”反映企业雇佣工人的难易，主要考察劳动力雇佣管理的灵活性。“政府采购”反映获得政府合同的难易，主要考察通过公共采购参与并赢得政府合同的程序和时间以及公共采购管理框架。

世界银行的营商环境指标体系是国内有关部门构建营商环境指数的重要参考。国家发展改革委发布的《中国营商环境报告 2020》包括市场准入、投资建设、融资信贷、生产运营、退出市场 5 个方面，共 18 项指标，即开办企业、办理建筑许可、获得电力、登记财产、纳税、跨境贸易、执行合同、获得信贷、办理破产、保护中小投资者、获得用水用气、劳动力市场监管、政府采购、招标投标、政务服务、知识产权创造保护和运用、市场监管、包容普惠创新。各地营商环境评价基本上遵照国家发展改革委的评价指标体系。例如，四川省发展改革委的营商环境指标体系与国家发展改革委的评价指标体系相同，其中12个指标沿用世界银行的指标，增加了获得用水用气、招标投标、政务服务、知识产权创造保护和运用、市场监管、包容普惠创新6个扩展指标。受世界银行营商环境评价体系只考察商业规制层面的影响，国务院《优化营商环境条例》是一个商事制度的条例，着重关注市场主体保护、市场环境、政务服务、监管执法、法治保障等体制机制性因素和条件。

第五章　市场失灵

第一节　负外部性

碳达峰、碳中和

气候变化是人类面临的全球性问题，随着各国二氧化碳排放，温室气体猛增，对生命系统形成威胁。世界各国以全球协约的方式减排温室气体，我国由此提出“碳达峰”和“碳中和”目标。“碳达峰”就是我们国家承诺在2030年前，二氧化碳的排放不再增长，达到峰值之后再慢慢减下去到2060年，针对排放的二氧化碳，我国要采取植树、节能减排等各种方式全部抵消掉，这就是“碳中和”。温室气体排放是典型的负外部性行为，国家环保政策会加大对温室气体排放的治理，排污费、燃油税等是庇古税手段，关停、技改、排放数量管制、排放标准制定等是管制手段。从“碳中和”来看，森林植被、绿化是有价值的，具有正外部性，环保政策要加大此类行为的补贴或生态补偿。

遛狗拴绳入法

《中华人民共和国动物防疫法》已由中华人民共和国第十三届全国人民代表大会常务委员会第二十五次会议于2021年1月22日修订通过，自2021年5月1日起施行。该法第三十条规定：“单位和个人饲养犬只，应当按照规定定期免疫接种狂犬病疫苗，凭动物诊疗机构出具的免疫证明向所在地养犬登记机关申请登记。携带犬只出户的，应当按照规定佩戴犬牌并采取系犬绳等措施，防止犬只伤人、疫病传播。街道办事处、乡级人民政府组织协调居民委员会、村民委员会，做好本辖区流浪犬、猫的控制和处置，防止疫病传播。”遛狗不拴绳、不清理狗便、养狗不定期免疫接种狂犬病疫苗是典型的负外部性行为，把外部成本施加给他人和社会。遛狗拴绳入法是对负外部性行为的立法管制。

（一）“糖税”会来吗？

消费含糖饮料具有负外部性，主要的问题是肥胖，这会造成公共卫生问题，如增加医疗、保健等公共支出，对肥胖者的家庭也造成一定的困扰。解决负外部性的经典做法是庇古税，使私人成本向社会成本靠拢，从而使私人决策产量趋近社会合意产量。

2017 年发布的《中国儿童肥胖报告》显示，我国 7 岁以上的学龄儿童肥胖人数近 3 500 万人，而主要大城市 7 岁以下的肥胖儿童人数超过 400 万人。如果不加以控制，10 年后我国肥胖的儿童总数将接近 5 000 万人。

超重、肥胖是全球性的公共卫生问题，各个国家的政府都意识到全民肥胖，号召全民减肥。英国率先向肥胖宣战，正式实施筹划已久的“糖税”。美国部分地区已开征了“糖税”。美国每课征税率为 1%的“糖税”（主要是含糖苏打饮料税），被课税饮料的消费量下降 0.8%～1%。含糖苏打饮料税的年收入规模大约有 701 亿美元，“糖税”直接抑制了含糖苏打饮料的消费，并为政府筹集了可观的财政收入。意大利通过了含糖饮料征税议案，对超过 2 克含糖量的饮料，将加征 1 欧分“糖税”。例如，包装为 330 毫升的可口可乐，含糖量为 35 克，将征收 17.5 欧分（约合 1.38 元人民币）的“糖税”。

贝德福德郡大学营养专家贝利表示，“糖税”是解决肥胖问题的“正面一步”。这是政府对抗国民肥胖问题的“一个雄心勃勃的开端”。但同时，贝利也表示，担心国民十分愿意多付钱购买含糖量高的饮品。

我们常喝的一瓶饮料含糖量是多少呢？

根据《中国居民膳食指南（2016）》的建议，成人要控制添加糖的摄入量，每天摄入不超过 50 克，最好控制在 25 克以下。要是每天喝下一瓶饮料或者更多，每天的添加糖摄入量就超标了。长期饮用含糖饮料，势必能量摄入过多，若此时缺少运动，能量消耗较少，久而久之就会引起肥胖。

含糖饮料危害多多，不仅可以引起肥胖，还会干扰记忆、影响骨骼发育、影响食物消化吸收、易患龋齿等。当然，保持健康体重需要从多方面入手，限制含糖饮料的摄入只是其中的一小步①。

---

① 福州市闽侯县人民政府.“糖税”——会不会是对抗全民肥胖一个雄心勃勃的开端［EB/OL］.（2019－08－14）［2021－09－30］. minhou. gov. cn/xjwz/zwgk/jdjc/jbyfkz/201908/t20190814_3015026.htm.

（二）拥堵费会来吗?

经济学家相信，征收拥堵费是解决道路拥堵的一种方法。艾仑·R. 桑德逊在《纽约时报》撰文指出，黄石国家公园人满为患，环境日益恶化，提高黄石国家公园的入门费就可以解决这一问题。提高对每位游客的收费，可以减少游客人数，缓解公园的拥挤和环境恶化。

有一些类似于庇古税的解决拥堵问题的经济手段，总的原则是通过税收或收费，使私人为自己造成的外部成本付费，激励私人的决策量趋向社会最优的决策量。其一，汽油税。在美国，消费者对汽油的支付几乎有一半归属汽油税。在许多欧洲国家，汽油税更高，汽油价格也更高。汽油税是典型的纠正开车造成的负外部性（如拥挤、车祸和环境污染等问题）的庇古税，汽油税通过经济激励减少汽车的使用从而降低上述风险。其二，汽车购置税。提高汽车购置税，可以减少汽车购买和使用，有助于缓解拥挤、车祸和环境污染等问题。其三，停车收费。城市发展了停车收费制度，同样可以激励车主减少汽车的使用，从而减少拥挤、车祸和环境污染等负外部性问题。越是拥堵的城市，停车收费就越高。其四，牌照费。通过限制牌照许可、增加牌照收费，可以限制汽车的购买和使用，有利于减少拥挤、车祸和环境污染等负外部性问题。越是拥堵的城市，获得牌照越难，牌照收费越高。新加坡实行差别化的牌照管理，全天候都能使用的私人汽车牌照费用更高。上海对新能源私家车、公交车实行牌照费减免和部分购置税减免。其五，汽车排污费。征收汽车排污费可以减少汽车的购买和使用，有助于缓解城市拥堵和环境问题。

经济学家相信，缓解交通拥堵最直接、最有效的办法就是对拥挤路段和时段的道路使用者收费，付费的人才可以在该路段和时段通行，不想付拥堵费的人只能绕道行驶或改变通行时间，而且拥堵高峰时收费更高。拥堵收费在理论上很好理解，但在操作上却困难重重，真正成功实施拥堵收费解决城市拥堵问题的案例并不多见。新加坡和英国伦敦是公认的运用本举措比较成功的案例。

新加坡是世界上最早收取拥堵费的城市，1975 年，新加坡开始在市中心 6 平方千米的控制区域征收拥堵费，当时收费采用人工方法，要求进入中心区的车辆必须购买“区域通行证”。若车上有 4 个人，就可以免费。1998

年开始，新加坡开始实施电子收费，要求每辆车内都装有一个读卡器，车主将储值卡插入读卡器，采用短程通信技术（DSRC）和储值卡进行信息交换，车辆经过收费闸口时无需停车，就会被自动扣除拥堵费。这种电子道路收费系统（electronic road pricing）根据不同的时间和地点收取 0.25~4 新加坡元的费用，征收拥堵费的时间段为通行高峰期，上午是 7：30 至 10：00，下午是 12：00 至 14：00。根据新加坡交通管理局的数据，自从征收拥堵费以来，拼车出行的人增多，高峰路段车辆减少了约 2.5 万辆，平均车速提升约 20%。

为了缓解伦敦市中心的交通拥堵问题，从 2003 年 2 月 17 日起，伦敦开始征收市中心交通拥堵费。收费标准是每辆车每天进入收费区一次性缴纳 5 英镑拥堵费。2005 年 7 月该标准又调高到 8 英镑。依据 2013 年 7 月 1 日颁布的征费标准，每车每日为 10 英镑，如果在当日 24 点前未能缴费，次日缴费则是 12 英镑；若注册了自动缴费系统，缴费标准为 9 英镑。如果不在规定的时间内缴费，驾驶人将被罚款。征收交通拥堵费由伦敦市交通局管理，交通拥堵费除了获准的免征车辆外，一律征收。9 座（含）以上的客车、道路维护车、消防车、国民医疗服务系统的车辆均属于免征车辆。可以看出，为减少交通拥堵和空气污染，伦敦市鼓励使用大客车集体出行，而不鼓励使用私家车。伦敦征收拥堵费的时段为星期一至星期五的 7：00 至 18：00，周末和法定假日不征收交通拥堵费。人们可在报税网点或网上缴纳拥堵费，收费区的车牌光学自动识别系统将车牌号码信息传输到数据库，自动确认是否需要缴费。伦敦市交通局也推出了电子收费系统，交通拥堵费可从个人账户上自动划走。根据伦敦市交通局的统计，在征收拥堵费之后，每天进入收费区的汽车数量明显减少，尤其在征收拥堵费的第一年内，征收拥堵费区域的汽车数量减少了 30%。2003 年，四轮及四轮以上的车辆进入收费区的数量下降了 18%。

除了英国伦敦和新加坡之外，瑞典的斯德哥尔摩、意大利的罗马、挪威的奥斯陆、美国的纽约、日本的东京等城市，也实施了征收拥堵费的政策，积累了一些实践经验。

北京市关于征收拥堵费的问题已讨论了很多年，北京市交通委员会曾明确表示，2016 年将研究试点征收拥堵费，并将针对小客车、机动车实施更加严格的限行措施，通过停车综合治理等措施缓解拥堵。北京大学国家发展研究院胡大源认为，拥堵费不仅比限行更符合法理，还更加有效。国内外学者在拥堵收费的理论和应用方面已取得了大量研究成果，新加坡、伦敦、斯德哥尔摩等地的实施过程中积累了丰富的经验，取得了明显的成效。不过，北京市开征拥堵费，如何确定征收区域和模式、收费标准和用途成了难题。对外经济贸易大学法学院苏号朋认为，应该在三环内收拥堵费放松限行政策，同时继续分区域提高北京市中心的停车费，可以将市中心分为二环以内、三环以内、四环以内三个区域，以现有收费标准为基础，提高停车费标准。中国人民大学公共政策研究院长毛寿龙建议，拥堵严重的地区先行试点征收拥堵费，可以采用动态平衡的模式。车流量多就收钱，车流量少就不收钱，如果都堵在那儿就都收钱，不堵就不收钱。不过，北京交通大学经济管理学院赵坚表示，北京拥堵范围大，并且带有潮汐性特征，很难界定交通拥堵费的收费区域。此外，由于北京的道路呈棋盘式，若只针对其中某些道路收费，可能会造成与之平行的道路更堵。到今天为止国内尚无城市征收拥堵费。

（三）为何我们讨厌不文明：举报交通违法行为

越来越多的群众选择在网络上向交管部门举报身边的交通违法行为。2020 年 10 月 1 日，长垣市民李先生拍照 361 张，向高速警方举报在高速公路上占用应急车道的车辆。高速警方根据这些照片，对 36 名违法司机进行处罚，分别罚款 200 元、记 6 分。2020 年 10 月 4 日，成都的强女士和家人从遂宁返回成都，因高速公路发生交通事故而道路拥堵。坐在副驾驶位的强女士在短短两个小时内拍下了约 270 辆侵占应急车道的违法车辆。国庆中秋假期，某省有 500 多名群众向高速警方举报交通违法行为，违法车辆达 2 000 多辆。高速警方已对违法司机进行了处罚。

很多人举报交通违法，不是为了利益，而是对不文明行为的憎恨。一些人不文明开车，占用应急车道、跨线占用对方车道、随意乱变线、违章乱停，造成交通安全事故，也常常引发拥堵。不文明驾车是负外部性行为，给自己获取一时私利时，给别人和社会造成成本。对不文明交通违章，相关部门应按负外部性的逻辑进行治理。罚款 200 元、记 6 分起到了庇古税的效果。

当然，举报和治理不文明交通行为是正外部性行为。制止不文明行为对社会有好处。因此，一些地方建立了举报交通违章奖励政策。

媒体人士白岩松在央视新闻《新闻1+1》栏目中向观众发问：“随手拍违章应该鼓励吗?”交警专业人士强调，举报交通违法，安全第一，不能“违法拍违法”！如果是在副驾驶位拍违法，没什么不可以。如果是驾驶员在行车中拍违法，则是危险动作，本身就是违法行为，“违法拍违法”就变成了负外部性行为了。

（四）燃油税

2005年1月22日，国务院发布报告称已制订征收燃油税方案，择机推行。2007年1月26日，国家税务总局提出，考虑重新设立燃油税改革方案。2009年1月1日，燃油税改革正式实施。此次燃油税改革的总体要求是公平、规范、节约、减负。公平就是要体现多用油、多负担的原则；规范就是把过去各类收费或公路、水路的养护、管理等有关费用改成燃油消费税，也就是通过“费改税”加以规范；节约是因为多用油多交税，希望通过这样的措施能促进对燃油的节约；减负就是在当前国际国内油价水平下，实行税费改革以后各方面的负担是减轻的。

此次改革将通过提高现行成品油消费税单位税额来实现，不再新设燃油税一项。改革后，汽油消费税单位税额每升提高0.8元，柴油消费税单位税额每升提高0.7元，其他成品油单位税额相应提高。加上现行单位税额，提高后的汽油、石脑油、溶剂油、润滑油消费税额为每升1元，柴油、燃料油、航空煤油消费税额为每升0.8元，今后石脑油恢复征收消费税，航空煤油暂缓征收消费税。

改革后，国内成品油价格继续与国际市场有控制地间接接轨，出厂价格以国际市场原油价格为基础，加上国内平均加工成本、税金和适当利润确定。汽油、柴油价格继续实行政府定价和政府指导价，液化气改为实行最高出厂价格管理，航空煤油等其他成品油价格管理办法不变。

自2009年1月1日起，公路养路费、航道养护费、公路运输管理费、公路客货运附加费、水路运输管理费、水运客货运附加费6项收费将被取消。

征收燃油税的理论依据是负外部性。交通工具的燃油消费会产生废气、对交通设施造成损害等，是典型的负外部性。燃油税是庇古税的一种，旨在将外部成本让私人来承担，提高私人消费燃油的成本，从而激励私人减少燃油消耗。

（五）碳交易

自工业革命以来，随着人口急剧增加，工业迅速发展，排入大气中的温室气体增多，导致温室效应和气候变化。我们逐渐意识到环境的重要性，提出“绿水青山就是金山银山”发展理念，追求绿色发展。

《京都议定书》把市场机制作为解决温室气体减排问题的新路径。

排污权交易制度是指在实施排污许可证管理及排放总量控制的前提下，鼓励企业通过技术进步和污染治理节约污染排放指标。这种指标作为“有价资源”，可以“储存”起来以备自身扩大发展之需，也可以在企业之间进行商业交换。那些无力使用或忽视使用减少排污手段、导致手中没有排放指标的企业，可以按照商业价格，向市场或其他企业购买指标。在发达国家，排污权交易制度对排污总量控制起到了重要作用。

二氧化碳排放权可以被视为一种商品，从而形成二氧化碳排放权的交易，简称碳交易。这是运用市场机制来促进环境保护的重要机制。这种机制允许企业在排放总量不突破的前提下，以最有效率的方式实现减排目标。例如，某个用能单位每年的碳排放限额为 1 万吨，如果这个单位通过技术改造、减少污染排放，每年碳排放量为 8 000 吨，那么多余的 2 000 吨就可以通过交易出售，而其他用能单位因为扩大生产需要，原定的碳排放限额不够用，就可以通过交易购买。这样整个区域的碳排放总量控制住了，实现这一控制总量的成本又是最低的，从而可以鼓励企业提高技术、节能减排。

一个企业节约下来的污染排放指标，可以作为商品出售给其他缺少排放指标的企业。目前，我国正将市场机制引入污染防治领域，着手建立和推广排污权交易制度。国家环保总局自 2002 年起在全国部分地区开展了排污权交易的综合试点工作，探索在市场经济条件下，运用经济杠杆的作用，充分调动企业主动削减污染物排放总量的积极性，以最小的成本实现减排目标。

建立排污权交易制度，并不意味着企业只要有钱就能无所顾忌地扩大排污。无论“买”“卖”双方，其交易都只能在满足国家总量控制的前提之下进行，并且不能使当地环境质量恶化。

建立符合我国国情的碳排放权交易机制具有重要意义。一是这是以市场机制应对气候变化、减少温室气体排放的重大体制机制创新。二是有助于激励排放实体低成本完成碳减排目标，是我国实现温室气体排放总量控制和峰值目标的重要手段。三是有助于将技术和资金导向低碳发展领域，推动企业实现新旧动能转换，倒逼企业淘汰落后产能、转型升级。四是我国积极参与正在形成的国际碳定价体系，提高我国在气候变化领域的国际影响力。

2021 年 7 月 15 日，上海环境能源交易所股份有限公司发布全国碳排放权交易开市的公告，根据国家总体安排，全国碳排放权交易于 2021 年 7 月 16 日开市。2021 年 7 月 7 日，国务院总理李克强主持召开国务院常务会议，决定在 2021 年 7 月择时启动发电行业全国碳市场上线交易，以市场机制控制和减少温室气体排放。2021 年 7 月 14 日，生态环境部副部长赵英民在国务院政策例行吹风会上再次预告，相关建设任务已经基本完成，于 2021 年 7 月择机启动全国碳排放权交易市场上线交易；同时，推动碳排放权交易管理暂行条例尽快出台。

碳交易市场就是通过碳排放权的交易达到控制碳排放总量的目的。通俗来讲，碳交易市场就是把二氧化碳的排放权当成商品来买卖，需要减排的企业会获得一定的碳排放配额，成功减排可以出售多余的配额，超额排放则要在碳市场上购买配额。这样既控制了碳排放总量，又能鼓励企业通过优化能源结构、提升效能等手段实现减排。

全国碳排放权交易市场是利用市场机制控制和减少温室气体排放、推动绿色低碳发展的一项重大制度创新，是实现碳达峰、碳中和与国家自主贡献目标的重要政策工具。

2020 年年底，生态环境部印发规范性文件——《2019—2020 年全国碳排放权交易配额总量设定与分配实施方案（发电行业）》，公布了包括 2 225 家发电企业和自备电厂在内的纳入全国碳排放权交易配额管理的重点排放单位名单。首批 2 225 家发电企业将分到碳排放配额。

据测算，纳入首批碳市场覆盖的这些企业碳排放量超过 40 亿吨二氧化碳，意味着中国的碳排放权交易市场一经启动，就将成为全球覆盖温室气体排放量规模最大的碳市场。

在碳价方面，从宏观和长远看，碳价由经济运行和行业发展总体状况和趋势决定。合理的碳价，既可以彰显我国实现碳达峰、碳中和目标愿景的决心与力度，又能够为碳减排企业提供有效的价格激励信号。

碳价通过市场交易形成，出现波动属于正常现象，但是剧烈波动，过高、过低都不利于碳市场的长期稳定运行。从全国7个地方试点运行情况看，近两年加权平均碳价约40元。目前，国家正在考虑通过改进配额分配方法、引入抵消机制等政策措施来引导市场预期，从而形成合理碳价。

据了解，中国碳市场地方试点起步于2011年。2011年10月，北京、天津、上海、重庆、广东、湖北、深圳启动了碳排放权交易地方试点工作。从2013年起，七个地方试点碳市场陆续开始上线交易①。

2021年7月16日9：30，全国碳排放权交易在上海环境能源交易所正式启动。数据显示，碳交易开市首日开盘价为48元/吨，首笔撮合成功的全国碳交易，价格为每吨52.78元，总共成交16万吨，交易额为790万元。截至当天收盘，碳配额最新价为51.23元/吨，涨幅为6.73%，均价为51.23元/吨。当天最高价为52.80元/吨，最低价为48元/吨，交易总量为410.40万吨，交易总额为2.1亿元②。

（六）补偿

外部性有好有坏。例如，养蜂人的蜜蜂为苹果花授粉，而苹果花用花蜜为蜜蜂提供食物，这是好的外部性。又如，公园旁的居民能够获得免费的景观，这也是好的外部性。好的外部性也叫正外部性。公路旁的居民不得不承受噪声和污染，这就是坏的外部性。坏的外部性也叫负外部性。

有时外部性还有些意想不到的好处。1971年，美国经济学家斯蒂格勒和阿尔钦同游日本，他们在高速列车上想起了庇古当年的经历，于是好奇地询问列车员，铁路附近的农田是否受到列车的损害而减产，而列车员的回答着实令他们吃了一惊：恰恰相反，飞速驶过的列车把吃稻谷的飞鸟吓走了，农民反而受益，铁路公司也不会向农民收“赶鸟费”。可是，好的外部性问题常常被人们淡忘，人们记住的常常是那些不好的外部性问题。

在庇古所处的时代，人们只是从习惯的角度出发，认为造成某种损害的一方应受指责，要么通过有效手段减少影响，要么赔偿损失。例如，一个工

---

① 北方商报. 全国碳市场正式开市［EB/OL］.（2021－07－16）［2021－09－30］. https://baijiahao.baidu.com/s? id=1705368975874339637&wfr=spider&for=pc.

② 宋亚芬，马静. 全国碳交易开市首日收于51.23元 专家：未来或将上行［EB/OL］.（2021-07-18）［2021-09-30］. https://baijiahao.baidu.com/s? id=1705608591255942533&wfr=spider&for=pc.

厂排放的烟尘污染了周围5户居民晾晒的衣服，居民由此受损。现在有以下两个解决方案：

方案一：工厂花150元给工厂烟囱安装除尘器。

方案二：工厂给每户居民买1台价值50元的烘干机，5户共需250元。在市场的作用下，工厂或居民都会自动采用方案一，因为这样最节省。但如果除尘器的价格是1 000元，那么工厂就会选择方案二。

经济学家们进一步提出，对制造污染要进行适当的“处罚”，比如向这些企业征收一定的“税”，人们把这种税称为“庇古税”。

第二节 正外部性

（一）补贴新冠肺炎患者和医护人员

新冠肺炎疫情防控是典型的正外部性行为。该病毒具有人传人的特征，且具有一定的致命性，对患者进行隔离和治疗，具有正的外部性，因为有助于他人免受该患者传染病毒。正外部性行为会导致市场供给不足，政府干预是解决正外部性行为供给不足问题的有效途径，经典的做法是补贴，即庇古补贴。从经济学原理来看，政府应该对感染病毒的患者治疗费用进行补贴，也应该对救治患者的医护人员进行补贴。

财政部、国家卫生健康委于2020年1月25日下发的《财政部 国家卫生健康委关于新型冠状病毒感染肺炎疫情防控有关经费保障政策的通知》内容如下：

为贯彻落实习近平总书记对新型冠状病毒感染肺炎疫情防控工作作出的重要批示精神，按照党中央、国务院决策部署，支持各地更好地做好防控经费保障工作，坚决遏制疫情蔓延势头，现将有关经费保障问题通知如下：

一、落实患者救治费用补助政策。对于确诊患者发生的医疗费用，在基本医保、大病保险、医疗救助等按规定支付后，个人负担部分由财政给予补助。所需资金由地方财政先行支付，中央财政对地方财政按实际发生费用的60%予以补助。

二、对参加防治工作的医务人员和防疫工作者给予临时性工作补助。参照《人力资源社会保障部财政部关于建立传染病疫情防治人员临时性工作补助的通知》（人社部规〔2016〕4号）有关规定，按照一类补助标准，对于直接接触待排查病例或确诊病例，诊断、治疗、护理、医院感染控制、病例标本采集和病原检测等工作相关人员，中央财政按照每人每天300元予以补助；对于参加疫情防控的其他医务人员和防疫工作者，中央财政按照每人每天200元予以补助。补助资金由地方先行垫付，中央财政与地方据实结算。中央级医疗卫生机构按照属地化管理，中央财政补助资金拨付地方后由地方财政统一分配。

三、医疗卫生机构开展疫情防控工作所需的防护、诊断和治疗专用设备以及快速诊断试剂采购所需经费，由地方财政予以安排，中央财政视情给予补助。中央级医疗卫生机构按照属地化管理，中央财政补助资金拨付地方后由地方财政统一分配。

各级财政部门要会同卫生健康部门尽快按规定落实上述补助政策，务必做好防控经费保障工作，决不能因为费用问题延误救治和疫情防控。同时，要及时对相关支出进行严格审核，报国家卫生健康委和财政部，作为中央财政与地方财政资金结算的依据。

黑龙江省人民政府办公厅于2020年3月20日下发的《黑龙江省人民政府办公厅关于全面落实进一步保护关心爱护医务人员若干措施的通知》内容如下：

一、提高疫情防治人员薪酬待遇

按规定向参与疫情防治的医务人员发放临时性工作补助。对省派出的援鄂人员临时性工作补助标准为每人每天600元，特殊补助每人每天200元；对四个省级重症救治中心和承担重症救治任务相关的市（地）医疗机构在重症危重症患者病区工作的一线医务人员，临时性工作补助标准为每人每天300元，特殊补助每人每天200元；在卫生健康部门确定的定点医院或其他收治确诊病例的医疗卫生机构的隔离区直接参与患者救治的医务人员，直接进行病例标本采集、病原检测和病理检查的医疗卫生专业技术人员，每人每天临时性工作补助300元；上述人员以外的直接参与新冠肺炎防疫和救治一线工作，且与确诊或疑似病例直接接触的接诊、筛查、检查、检测、转运、治疗、护理、流行病学调查、医学观察的一线医务人员每人每天临时性工作补助200元。

一线医务人员［含援鄂医疗队、四个省级重症救治中心和承担重症救治任务相关的市（地）医疗机构］领取临时性工作补助的天数，按其直接接触确诊或疑似病例、标本（含尸体解剖）的天数计算。对援鄂医疗队、四个省级重症救治中心和承担重症救治任务相关的市（地）医疗机构在重症危重症患者病区工作的一线医务人员，按实际工作天数的1.5倍计算应发工作天数，特殊补助按实际工作天数计算，对在集中隔离观察点工作的一线医务人员，按发现确诊病例的当日计算工作天数。

对疫情防控期间承担防控任务重、风险程度高的医疗卫生机构，根据实际参与疫情防控工作的一线医务人员人数，按照人均每天300元标准核增不纳入基数的一次性绩效工资总量，重点向勇于担当、表现优秀的一线人员倾斜。将援鄂医疗队一线医务人员薪酬水平提高2倍，核增绩效工资所需经费按现行渠道解决。

卫生防疫津贴执行标准和发放办法，按照人力资源社会保障部、财政部《关于调整卫生防疫津贴标准的通知》（人社部发〔2020〕13号）规定执行。卫生防疫津贴执行范围，在疫情防控期间扩大到全体一线医务人员，在疫情结束后恢复至文件规定范围。

二、做好工伤认定和待遇保障

按照国家和我省有关文件精神，做好因履行工作职责感染新冠肺炎医务人员的工伤认定，简化理赔流程，精简申报材料，快速高效办理，及时落实相关待遇。

三、实施职称晋升倾斜政策

疫情防控一线医务人员可不受所在单位岗位结构比例限制，提前一年申报参加高一级职称评审或专业技术资格考试，同等条件下优先推荐申报、评审优先通过，重点向援鄂人员倾斜。在疫情防控一线表现突出、获得市（地）级以上表彰或记功以上奖励的医务人员，符合高级职称基本评审条件的，可按规定申报破格晋升高级职称。通过人员可直接岗位聘用、兑现待遇。

医务人员在疫情防控一线工作经历，视同其在基层或对口帮扶医疗机构服务1年经历；视同完成2020年继续教育学时（分）；免于2020年度卫生高级职称专业考试，以后年度参加考试的，合格标准降低5分，援鄂人员合格标准降低10分；有专业实践能力考核要求的，免于考核。参加职称评审对论文不做硬性要求，疫情防控中的临床救治情况、病案病例、诊疗方案、关键核心技术研发成果、流行病学报告、病理报告、药物疫苗研发情况、试剂检测设备产品研发应用情况、工作总结、心理治疗和疏导案例等均可作为成果申报参评。

四、优先晋升岗位聘用等级

疫情防控一线医务人员已取得职称尚未聘任到相应岗位的，可不受所在单位岗位结构比例限制，直接聘用到相应岗位，超出结构比例的岗位逐步消化。

在疫情防控一线表现突出、考核优秀的医务人员，可不受所在单位岗位结构比例限制，在职称对应岗位层级内晋升一个岗位聘用等级（不含二级岗位）；受聘正高级岗位的，援鄂经历可作为优先推荐聘任二级岗位的重要依据。上述职称晋升和岗位聘用政策只可就近享受一次，不得重复享受。

五、优化编外人员招聘政策

疫情防控一线的编制外医务人员，三年内参加各级医疗卫生机构事业单位公开招聘时，年龄放宽到45周岁，在现单位工作满3年且考核合格，经所在单位推荐、卫生健康行政部门认定，报考乡（镇）、县（市、区）和市（地）以上单位笔试成绩分别加15分、10分、5分，同等条件下优先聘用。

六、加强防护及心理疏导

要切实做好医院内部防控，加强全员培训，优化服务流程，全面落实防止院内感染的各项措施，避免交叉感染。加强医务人员个人防护，尽一切可能配齐防护物资和防护设备，防护用品调配要向临床一线倾斜。落实健康监测制度，发现医务人员感染及时隔离，尽最大可能减少医务人员之间、医务人员与病人之间交叉感染。

加强医务人员心理危机干预和心理疏导。成立省应对新型冠状病毒感染肺炎疫情心理危机干预专家组，开展医务人员心理健康评估，强化心理援助措施，有针对性地开展干预和心理疏导，减轻医务人员心理压力。省、市级要建立心理援助热线电话，提供心理支持的队伍由各市（地）精神专科医院、具有精神科特长的综合医院等精神医学和心理学专业人员组成，在提供心理服务时要坚持公益、专业原则，并遵守伦理要求。

七、做好轮换休整及家庭帮扶

要根据疫情防控实际，统筹安排一线医务人员轮休调休补休，对长时间高负荷工作人员要安排强制休息，确保一线人员及时得到必要休整。疫情结束后，组织一线医务人员进行一次免费健康体检，按现行渠道分级承担；根据一线医务人员承担的任务量、风险程度以及工作完成情况等因素，统筹考虑适当增加休息和带薪休假时间。

各市（地）要动员组织社会力量，发动志愿者或专门人员，采取建立台账、分类施策的方式，对奋战在一线的医务人员及其家属进行慰问，帮助解决实际困难，解决后顾之忧。尽量不安排双职工的医务人员同时到一线工作，对家有老人和孩子需要照顾的医务人员要尽量为其创造条件兼顾家庭。

八、关爱一线医务人员子女

精准建立工作台账，健全一对一联系机制，实行“代理家长”制度，分阶段突出关爱重点，持续落实“五个一”关爱措施，即以教育行政部门或学校名义给孩子写一封信、开展一次心理辅导、班主任每天给孩子打一个电话、每周开展一次网络家访、召开一次主题网络班（队）会等，准确掌握一线医护人员子女学习、生活、心理等情况，引导调整心理状态，做好假期生活规划，开展线上学习辅导，加强学业困难帮扶，完善一线医务人员子女教育关爱长效机制。

被认定为烈士及获得表彰的医务人员子女，在入学升学方面按规定享受相关待遇。获得表彰及被认定为烈士的医务人员子女，可就近就便入读公办幼儿园或普惠性民办幼儿园。被认定为烈士的医务人员子女，享受就近就便入读公办义务教育阶段学校和当地中考照顾政策；参加普通高考、成人高考的，在文化课统考成绩总分的基础上加20分。被认定为烈士及获得表彰的医务人员子女报考高等学校，提供备考、应考、志愿填报等环节专项服务。

九、加大表彰奖励工作力度

根据国家和我省有关规定，对在疫情防控一线作出突出贡献的医务人员进行及时表彰奖励，按规定发放一次性奖金等物质奖励；对作出突出贡献的单位进行集体奖励，并可按规定提高优秀（嘉奖）人员比例。对受表彰的人员和考察优秀的援鄂人员，年度考核结果可直接确定为优秀等次并给予嘉奖，不占所在单位优秀（嘉奖）人员比例。

十、创造更加安全的执业环境

严格落实各项安全防范措施，严厉打击涉医违法犯罪，对暴力伤害医务人员的案件，不姑息、不迁就，迅速出警、迅速查处，始终保持对涉医违法犯罪的严打高压态势，坚决维护医护人员合法权益，要坚决果断依法处置在医疗机构焚烧纸钱、摆设灵堂、摆放花圈、聚众滋事、堵塞大门等医闹行为。要切实维护正常医疗秩序，开展安全隐患排查，认真落实安全主体责任，认真落实人防、物防、技防各项安全防范措施，全力做好安全保卫工作，加大力量投入，在重点医院设立警务室，增派治安保卫人员，加强重点部位巡逻，维护医疗秩序，对于伤害医务人员的，坚决依法严肃查处。

十一、加大法律服务力度

疫情防控期间，为有法律服务需求的一线医务人员提供免费法律咨询，对提出法律援助申请，优先受理、优先办理。公证机构开通绿色通道，开辟专门窗口，提供公证法律服务，对援鄂人员申办的委托、声明等民事类公证，实施法律援助免费办理。

十二、做好烈士评定褒扬工作

按照《烈士褒扬条例》和《退役军人事务部、中央军委政治工作部关于妥善做好新冠肺炎疫情防控牺牲人员烈士褒扬工作的通知》（退役军人部发〔2020〕6号）相关规定，坚持专人负责、提前介入、全程指导、精简材料、特事特办，及时做好在防治新冠肺炎工作中以身殉职的医务人员的烈士评定和褒扬工作，认真落实好抚恤优待政策，由当地政府先行垫支烈士褒扬金，保障医务人员的合法权益。根据当地疫情防控实际，采取适当形式开展慰问、悬挂光荣牌等活动，妥善帮助烈士遗属解决实际困难。深入挖掘整理烈士在疫情防控工作中的突出事迹，加大宣传力度，大力弘扬不怕牺牲、勇于奉献的烈士精神。

2020年2月16日，《新京报》报道，黄冈发布《新冠肺炎疫情防控工作指挥部通告》，其中指出，凡居民有发热、咳嗽等症状应立即向所在社区（村）报告，由社区（村）安排专门人员护送到定点医院发热门诊就诊。政府对主动就诊人员，一次性奖励500元。各级疫情防控人员要深入搜索排查，凡排查发现新的发热人员，应迅速组织安排到定点医院发热门诊就诊。政府对防控工作人员一次性奖励500元。政府鼓励社会各界监督举报。广大市民发现新的发热人员，应立即向所在社区（村）举报，一经查实，一次性奖励500元。两人以上先后举报的，奖励第一举报人。奖励资金由所在社区（村）在第一时间支付，并做好登记造册。疫情结束后，奖励资金由市疫情防控指挥部统一安排。对有病不报、拒不接受就诊的人员，公安机关将介入调查，依法予以查处。

2020年2月9日，中新网报道，十堰房县发布《发热病人就诊奖励办法公告》，其中指出，为促进发热人员早发现、早隔离、早报告、早治疗，确保人民群众身体健康，特制定发热病人就诊奖励办法。凡发热人员主动到县乡定点医院发热门诊就诊的，奖励1 000元。凡乡镇、村、组干部（含工作队、村医）排查发现核实1例发热人员的，奖励500元。凡群众举报发热人员并查实的，每1例奖励举报人500元。主动就诊的发热人员在就诊医院领取奖励，其他人员在乡镇人民政府领取奖励。

湖北潜江新闻网微信公号于2020年2月27日发布《潜江市新型冠状病毒肺炎疫情防控指挥部22号通告》，其中指出，为全面推进新冠肺炎疫情防控“清零”行动，坚决打赢疫情防控的人民战争、总体战、阻击战、攻坚战，市新冠肺炎疫情防控指挥部决定实施新冠肺炎防控自我排查奖励办法。凡在潜人员主动报告发热情况，经诊断，首次确定为无法明确排除新冠肺炎症状的发热患者奖励1 000元，首次确定为新冠肺炎疑似病例的患者奖励2 000元，首次确定为新冠肺炎确诊病例的患者奖励10 000元。

2020年2月27日，宁波市新冠肺炎疫情防控工作领导小组疫情管控组发布通告，决定在防控期间实行有奖举报，发现疑似感染新冠肺炎人员，经确认确诊的，奖励举报者2万元。该通告称，为进一步有效控制疫情传播“风险源”，根据《中华人民共和国传染病防治法》《突发公共卫生事件应急条例》等，决定在疫情防控期间实行有奖举报：发现疑似感染新冠肺炎人员，经确认确诊的，奖励2万元；发现疑似感染新冠肺炎人员，经确认核酸检测呈阳性的，奖励5 000元；发现集中隔离、居家隔离对象擅自离开隔离区域，经确认属实的，奖励1 000元。举报人可拨打各疾控中心电话或110进行举报，多个举报人分别举报同一对象的，奖励首个举报人；一人向多部门举报同一对象的，不重复奖励。接受举报的单位对举报人的个人信息予以严格保密。

（二）监管是正外部性行为，注定不足

主流的观点认为，正式制度和私人秩序是维持市场有序运行的两种基本机制。正式制度大体可以分为政府监管和司法制度，其逻辑是一致的，制度主义的逻辑是，人应该按规则行事，否则将面临规则的惩罚。政府对违反规则的行为进行管制，法律对违反规则的人实施制裁。制度主义背后，有一个

假想的无处不在、无时不有的万能的监管者在实施规则。然而，真的存在万能的大公无私的监管者吗？我们的回答是否定的，因为所有的监管者都是行为人，在经济学上叫“经济人”。其在利益上追求利益最大化，在成本上面临成本约束，在信息上面临信息约束，在体制上面临制度约束。监管者可以多监管，也可以少监管，可能是好的监管，也可能是坏的监管。于是就产生了第二个问题，谁来监管监管者？如果说 B 是监管者，制度上设计由 A 监管 B，那么第三个问题又产生了，谁又来监管监管者 A？谁来监管监管者在全世界都是个无解的问题。

政府监管创造一个规范、良好的市场环境，这是典型的正外部性行为。正外部性是说经济行为的成本由自己承担，经济行为给别人（外部）带来了好处，别人没有因为获得好处而对这一经济行为做出补偿。如图 5-1 所示，该经济活动存在外部价值，因此社会价值大于私人价值。私人成本和私人价值决定其私人产量，而私人成本和社会价值决定社会合意产量。可以看出，正外部性的市场结果是私人决策产量低于社会合意产量。在市场中，人们总是觉得正外部性的行为少了，如慈善、环保、教育、做好事等。显然，医疗监管也是如此。

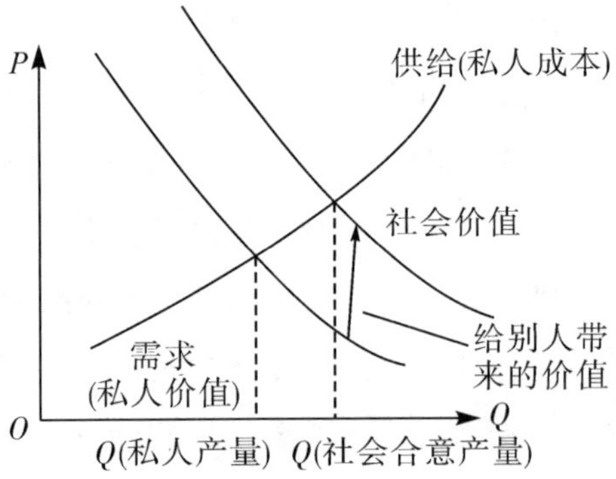

图 5-1　正外部性

诺贝尔经济学奖获得者施蒂格勒、贝克尔等人基于美国的经验提出了“规制俘虏理论”。该理论认为，规制的提供正是适应产业对规制的需求，规制者被规制中的产业所控制和俘获，不管规制方案如何设计，规制提高了产业利润而不是社会福利。规制者并不是追求公共利益最大化，而是私人利益最大化。

（三）精准扶贫是正外部性行为

党的十九大提出坚决打好三大攻坚战，即防范化解重大风险、精准脱贫、污染防治。这三大攻坚战都是正外部性行为。所谓正外部性，是指某种行为对他人有正向影响，增进他人的社会福利。

精准扶贫就是要做到“六个精准”，实施“五个一批”，即扶持对象精准、项目安排精准、资金使用精准、措施到户精准、因村派人精准、脱贫成效精准；发展生产脱贫一批、易地搬迁脱贫一批、生态补偿脱贫一批、发展教育脱贫一批、社会保障兜底一批。

扶贫是正外部性行为。扶贫直接提升贫困家庭和贫困人口的生活水平，也产生诸多正外部性特征。精准扶贫缩小贫富差距，有利于社会和谐稳定，减少违法犯罪和治安案件。扶贫不仅对贫困人口有利，对富裕人口也有利。消除贫困人口，增进社会平等，有利于塑造安全、稳定的社会环境。贫困地区的发展和贫困人口的发展是我国经济持续健康发展的重要动力，也提供了保持经济中高速增长的潜力。精准扶贫有利于贫困家庭下一代的成长和发展，进一步缩小贫富差距，甚至增强社会流动性。精准扶贫彰显了中国共产党领导的社会主义制度的优越性，中国共产党全心全意为人民服务。走共同富裕之路，是中国特色社会主义的鲜明特征。为加快推进全球反贫困进程做出贡献，为全球减贫事业提供中国模式，可以增强我国在国际社会中的威望。

正外部性行为的市场结果是供给不足，且造成无谓损失。因此，解决正外部性供给不足的经典方法是补贴。在补贴的作用下，正外部性行为的个人价值向社会价值靠拢，从而使个人决策量趋近社会合意产量。

补贴也是精准扶贫的重要手段。国家对贫困地区、贫困家庭、贫困人口通过转移支付实施补贴，提高贫困人口的生活水平和可持续发展能力。补贴既包括货币补贴，也包括消费券、粮食、学费减免等实物补贴。除了补贴之外，精准扶贫还应包括产业扶贫、教育扶贫、医疗扶贫、就业扶贫等多种手段，不管哪一种，都离不开资金的支持，即广义的补贴。

更加注重发展民生

资源是稀缺的。有限的资源要支出的用途很多。为什么人的问题是检验一个政党、一个政权性质的试金石。带领人民创造美好生活，是中国共产党矢志不渝的奋斗目标。中国共产党始终把人民利益摆在至高无上的地位，让改革发展成果更多更公平地惠及全体人民，朝着实现全体人民共同富裕不断迈进。中国共产党不断满足人民日益增长的美好生活需要，不断促进社会公平正义，形成有效的社会治理、良好的社会秩序，使人民的获得感、幸福感、安全感更加充实、更有保障、更可持续。党和国家优先发展教育事业，提高就业质量和人民收入水平，加强社会保障体系建设，坚决打赢脱贫攻坚战。党和国家实施健康中国战略。这些都是具有正外部性的领域，市场机制会供给不足，需要政府加大投入力度。补贴是解决正外部性不足问题的典型方法。

（四）教育扶贫

精准扶贫政策在实现扶贫减贫目标的同时，也对经济、社会、环境等领域产生正向影响。义务教育、劳动力培训等方面的投资，不但有利于实现贫困人口的脱贫，对整个社会也会产生正外部性。

当存在正外部性时，社会价值大于私人价值，社会最优量大于私人市场决定的数量。为了使市场均衡向社会最优移动，需要对正外部性行为实施补贴（见图 5-2）。

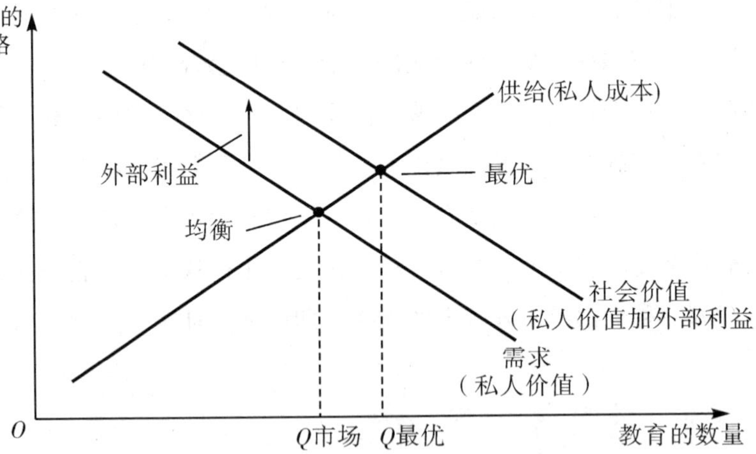

图 5-2　正外部性

党和国家致力于不断提升贫困人口综合素质和就业技能，逐步消除因学致贫问题。教育投入和技能培训阻断了贫困的代际传递。

贫困家庭将教育当作救命稻草，将脱贫致富的渴望寄托在孩子身上，如果子女升学无望，子女的出路可能是回家务农或外出打工，贫困将在家庭中代代相传。教育是有效解决贫困代际相传问题的举措。教育精准扶贫，能够让贫困学生不输在起跑线上，有良好的受教育机会。

第三节 反垄断

（一）国家市场监督管理总局对阿里巴巴集团进行处罚

2020 年 12 月，国家市场监督管理总局依据《中华人民共和国反垄断法》对阿里巴巴集团在中国境内网络零售平台服务市场滥用市场支配地位行为立案调查。经查，阿里巴巴集团在中国境内网络零售平台服务市场具有支配地位。自 2015 年以来，阿里巴巴集团滥用该市场支配地位，对平台内商家提出“二选一”要求，禁止平台内商家在其他竞争性平台开店或参加促销活动，并借助市场力量、平台规则和数据、算法等技术手段，采取多种奖惩措施保障“二选一”要求得到执行，维持、增强自身市场力量，获取不正当竞争优势。

调查发现，阿里巴巴集团实施“二选一”行为排除、限制了中国境内网络零售平台服务市场的竞争，妨碍了商品服务和资源要素自由流通，影响了平台经济创新发展，侵害了平台内商家的合法权益，损害了消费者利益，构成《中华人民共和国反垄断法》第十七条规定的“没有正当理由，限定交易相对人只能与其进行交易”的滥用市场支配地位行为。

根据《中华人民共和国反垄断法》第四十七条、第四十九条的规定，综合考虑阿里巴巴集团违法行为的性质、程度和持续时间等因素，2021 年 4 月 10 日，国家市场监督管理总局依法作出行政处罚决定，责令阿里巴巴集团停止违法行为，并处以其 2019 年中国境内销售额 4 557.12 亿元 4%的罚款，计 182.28 亿元。

同时，国家市场监督管理总局按照《中华人民共和国行政处罚法》坚持处罚与教育相结合的原则，向阿里巴巴集团发出行政指导书，要求其围绕严格落实平台企业主体责任、加强内控合规管理、维护公平竞争、保护平台内商家和消费者合法权益等方面进行全面整改，并连续三年向国家市场监督管理总局提交自查合规报告①。

（二）禁止可口可乐收购汇源果汁案

2009年3月18日下午中国商务部正式宣布，禁止可口可乐收购汇源果汁。据悉，这是《中华人民共和国反垄断法》实施以来首个未获通过的案例。2008年12月4日，商务部首次公开表态，已经对可口可乐收购汇源果汁的申请进行立案受理。

商务部依据《中华人民共和国反垄断法》的相关规定，从市场份额及市场控制力、市场集中度、集中对市场进入和技术进步的影响、集中对消费者和其他有关经营者的影响以及品牌对果汁饮料市场竞争产生的影响等几个方面对此项集中进行了审查。审查工作严格遵循相关法律法规的规定。审查过程中，商务部充分听取了有关方面的意见。

经审查，商务部认定：此项集中将对竞争产生不利影响。集中完成后可口可乐公司可能利用其在碳酸软饮料市场的支配地位，搭售、捆绑销售果汁饮料，或者设定其他排他性的交易条件，集中限制果汁饮料市场竞争，导致消费者被迫接受更高价格、更少种类的产品；同时，由于既有品牌对市场进入的限制作用，潜在竞争难以消除该限制竞争效果；此外，集中还挤压了国内中小型果汁企业生存空间，给中国果汁饮料市场竞争格局造成不良影响。

为了减少集中对竞争产生的不利影响，商务部与可口可乐公司就附加限制性条件进行了商谈，要求申报方提出可行的解决方案。可口可乐公司对商务部提出的问题表述了自己的意见，提出初步解决方案及其修改方案。经过评估，商务部认为，修改方案仍不能有效减少此项集中对竞争产生的不利影响。据此，根据《中华人民共和国反垄断法》第二十八条的规定，商务部做出禁止此项集中的决定②。

反垄断审查的目的是保护市场公平竞争，维护消费者利益和社会公共利

---

① 呼和浩特新闻网. 罚款182.28亿元！市场监管总局对阿里巴巴“二选一”垄断行为作出行政处罚［EB/OL］.（2021-04-10）［2021-09-30］. https://www.thepaper.cn/newsDetail_forward_12138365.

② 中国新闻网. 商务部解释否决汇源收购案：对竞争产生不利影响［EB/OL］.（2009-03-18）［2021-09-30］. chinanews.com/cn/cj/gncj/news/2009/03-18/1607343.shtml.

益。自2008年8月1日《中华人民共和国反垄断法》实施以来，商务部收到40起经营者集中申报，依照法律规定立案审查了29起，审结24起，其中无条件批准23起。对于1起具有排除、限制竞争效果的集中，商务部与申报方进行商谈，申报方提出了减少排除限制竞争的解决方案并作出承诺，商务部附加了减少集中对竞争不利影响的限制性条件批准了该集中①。

数字平台反垄断行为

数字平台的垄断行为广受关注，如大数据“杀熟”、要求用户在竞争性平台间“二选一”、数据滥用、价格歧视、捆绑销售、无序扩张、滥用垄断势力抑制竞争等。国家加大对数字平台企业的反垄断监管。然而，数字平台企业具有高固定成本、低边际成本的成本特征，具有自然垄断特性。因为网络具有外部性，网络平台一般具有赢者通吃的垄断特征。因此，对于数字平台，反垄断不是反垄断本身，重点是反其垄断行为。

（三）平台经济反垄断

垄断的特点是低产量、高价格，并且造成社会福利的损失。垄断厂商建立市场进入门槛，抑制技术创新，阻碍市场效率提高。有些垄断厂商通过寻租维护其垄断地位，造成非生产性耗费。

为了预防和制止垄断行为，保护市场公平竞争，提高经济运行效率，维护消费者利益和社会公共利益，促进社会主义市场经济健康发展，2007年8月30日，全国人大常委会第九次会议通过了《中华人民共和国反垄断法》，该法在我国市场经济立法中有着极为重要的地位。2015年10月，《中共中央国务院关于推进价格机制改革的若干意见》明确提出要“逐步确立竞争政策的基础性地位”。2016年6月，国务院印发《国务院关于在市场体系建设中建立公平竞争审查制度的意见》。

《中华人民共和国反垄断法》规定的垄断行为包括：第一，经营者达成垄断协议；第二，经营者滥用市场支配地位；第三，具有或者可能具有排除、限制竞争效果的经营者集中。国有经济占控制地位的关系国民经济命脉

① 中国新闻网. 商务部：自反垄断法实施已收40起经营者集中申报［EB/OL］.（2009-03-18）［2021-09-30］. chinanews.com.cn/cj/gncj/news/2009/03-18/1607378.shtml.

和国家安全的行业以及依法实行专营专卖的行业，国家对其经营者的合法经营活动予以保护，并对经营者的经营行为及其商品和服务的价格依法实施监管和调控，维护消费者利益，促进技术进步。

由于互联网平台存在网络效应和规模经济效应，具有明显的垄断或寡头垄断趋势，强化数字经济领域反垄断监管已是大势所趋。

针对阿里巴巴集团“二选一”垄断行为，2021 年 4 月 10 日，国家市场监督管理总局公布处罚决定书，责令阿里巴巴集团停止滥用市场支配地位行为，并处以其 2019 年中国境内销售额 4 557. 12 亿元 4%的罚款，计 182. 28 亿元；同时，向该集团发出行政指导书，要求其全面整改，并连续三年向国家市场监督管理总局提交自查合规报告。

2021 年 4 月 12 日，上海市市场监督管理局通报，依法对互联网餐饮外送平台上海食派士商贸发展有限公司实施“二选一”垄断行为做出行政处罚。该公司被处以其 2018 年销售额 3%的罚款，合计 116. 86 万元。

2021 年 4 月 13 日，国家市场监督管理总局会同中央网信办、国家税务总局召开互联网平台企业行政指导会，百度、腾讯、滴滴、京东、拼多多、美团、字节跳动、携程等 34 家互联网平台企业代表参加。会议要求，各平台企业要在一个月内全面自检自查，逐项彻底整改，并向社会公开依法合规经营承诺，接受社会监督。市场监管部门将组织对平台整改情况进行跟踪检查，整改期后再发现有平台企业强迫实施“二选一”等违法行为，一律依法从重从严处罚。

此前，2020 年 12 月，国家市场监督管理总局依法对阿里巴巴投资收购银泰商业股权、阅文集团收购新丽传媒股权、丰巢网络收购中邮智递股权三起未依法申报违法实施经营者集中案做出行政处罚决定，分别处以 50 万元罚款。

2021 年 3 月 3 日上午，国家市场监督管理总局公布，因实施不正当价格行为，橙心优选、多多买菜、美团优选、十荟团、食享会五家社区团购企业被处罚。其中，食享会被处以 50 万元罚款，其余四家分别被罚 150 万元。

强迫实施“二选一”、滥用市场支配地位、实施“掐尖并购”、“烧钱”抢占社区团购市场、实施大数据“杀熟”、漠视假冒伪劣、信息泄露以及实施涉税违法行为，这些平台经济发展过程中出现的问题已引起广泛关注。

2020 年 12 月 11 日，习近平总书记主持召开中共中央政治局会议。会议要求，“强化反垄断和防止资本无序扩张”。之后召开的中央经济工作会议将强化反垄断和防止资本无序扩张作为2021年经济工作中的八项重点任务之一。2021年1月31日，中共中央办公厅、国务院办公厅印发的《建设高标准市场体系行动方案》同样强调，加强平台经济、共享经济等新业态领域反垄断和反不正当竞争规制。2021年2月7日，国务院反垄断委员会印发《国务院反垄断委员会关于平台经济领域的反垄断指南》，旨在预防和制止平台经济领域垄断行为，促进平台经济规范有序创新健康发展。

数字平台的垄断地位

一些数字平台取得垄断地位之后，消费者、供应者通吃，如大数据“杀熟”、对卖方提高抽取的佣金。平台双边市场的抱怨不断增多，投诉也会增多，这就离国家反垄断不远了。数字平台的发展离不开三个因素：一是大规模市场。数字平台在中国、美国发展得更好，得益于国内大市场。二是网络技术和基础设施。这是国家投入巨资建立起来的。三是审慎监管原则。国家对数字平台这类新经济采取审慎监管原则，在严守安全底线的前提下为新业态发展留足空间，对一时看不准的，设置一定的“观察期”，防止一上来就管死。像中国这么大的市场，若两家类似的平台企业形成寡头竞争，每家平台依然具有最佳的规模经济效应，那就会形成寡头市场格局。

第四节 公共物品：灯塔的故事

在一个靠海的渔村里住了两三百人，大部分人都靠出海捕鱼为生。港口附近礁石险峻，船只一不小心就可能触礁沉没而人财两失。村民们都觉得应该修建一座灯塔，好在有雾的夜里为人们指引方向。如果大家对灯塔的位置、高度、材料、维护都无异议，那么剩下的问题就是怎么样分摊修建灯塔的费用了。

既然灯塔能够保证渔船的安全，那就根据船只数量平均分摊好了。可是，船只有大有小，大船的船员往往比较多，享受到的好处也比较多，因此这样分摊可能不太合理。有人建议应该看捕鱼量，捞得的鱼多，收入也多，自然能负担比较多的费用，因此依捕鱼量来分摊比较好。

但是，以哪一段时间的捕鱼量为准呢？要算出捕鱼量还得有人称重和记录，谁来做呢？不打渔的村民也享受到了美味的海鲜，也应该负担一部分的成本。因此，依全村人口数平均分摊最公平。然而，如果有人是素食主义者，不吃鱼，难道也应该出钱吗？可是，即使素食主义者自己不吃鱼，他的妻子儿女还是会吃鱼，因此还是该按全村人口平均分摊。那如果这个素食主义者没有妻子儿女，怎么办呢？因此还是以船只数为准比较好，船只数明确可循，不会有争议。

对此，依旧有人反对。因为有的村民家里有两艘船，却只在白天出海捕鱼，傍晚之前就回到港里，根本用不上灯塔，为什么要分摊呢？又有人说："即使在正常时段出海，入夜之后回港，但因为是老手，所以海里哪里有礁石，早就一清二楚，也就用不上灯塔了。"

即使大家都勉强同意某种方式，可是由谁来收钱呢？如果有人自告奋勇，或者有人众望所归出面为大家服务，总算可以把问题解决了吧？

可是，如果有人事后赖皮，或者有意无意地拖延时日，就是不付钱又该怎么办？大家是不是愿意赋予这个"公仆"纠举、惩罚等"公权力"呢？

第五节　公共资源

（一）长江禁渔十年

长江是世界上水生生物多样性最为丰富的河流之一。长期以来，受拦河筑坝、水域污染、过度捕捞、航道整治、挖砂采石、滩涂围垦等影响，长江水生生物的生存环境日趋恶化，生物多样性指数持续下降，珍稀特有物种资源全面衰退，白鳍豚、白鲟、长江鲥鱼等物种已多年未见，中华鲟、长江鲟、长江江豚等极度濒危，"四大家鱼"（青鱼、草鱼、鲢鱼、鳙鱼）比 20 世纪 80 年代减少了 90%以上。近年来，长江渔业资源年均捕捞产量不足 10 万吨，仅占我国水产品总产量的 0.15%。伴随渔业资源严重衰退，部分渔民为获取捕捞收益，使用"绝户网""电毒炸"等非法渔具渔法竭泽而渔，形成资源"公地悲剧"和渔民越捕越穷、资源越捕越少的恶性循环。

习近平总书记多次强调"要把修复长江生态环境摆在压倒性位置，共抓大保护，不搞大开发”“要把实施重大生态修复工程作为推动长江经济带发展项目的优先选项”。党的十九大报告提出：“实施重要生态系统保护和修复重大工程，优化生态安全屏障体系。”2018 年中央一号文件提出“科学划定江河湖海限捕、禁捕区域”“建立长江流域重点水域禁捕补偿制度”。2019 年中央一号文件提出“降低江河湖泊和近海渔业捕捞强度，全面实施长江水生生物保护区禁捕”。

2019 年 1 月，农业农村部、财政部、人力资源社会保障部联合印发《长江流域重点水域禁捕和建立补偿制度实施方案》。该实施方案提出，“2019 年底以前，完成水生生物保护区渔民退捕，率先实行全面禁捕，今后水生生物保护区全面禁止生产性捕捞”“2020 年底以前，完成长江干流和重要支流除保护区以外水域的渔民退捕，暂定实行 10 年禁捕”。实施长江流域重点水域禁捕是贯彻落实党中央、国务院一系列部署的重要措施，也是有效缓解长江生物资源衰退和生物多样性下降危机的关键之举。2019 年 6 月，四川省农业农村厅、财政厅、人力资源社会保障厅联合出台了《四川省长江流域重点水域禁捕和建立补偿制度实施方案》。

据 2020 年 1 月 19 日《新京报》报道，长江禁渔十年，洞庭湖“连家船”渔民上岸觅新生。在洞庭湖，有很多渔民吃住都在湖上，在岸上没有房子，身份证地址一栏显示的是某“渔业组”，被称为“连家船”渔民。“上无片瓦，下无寸土，以船为家，终日漂泊”是“连家船”渔民们的真实写照。1986 年，《中华人民共和国渔业法》提出对捕捞业实施捕捞许可证制度，渔民开始“持证上岗”的“连家船”生活，他们的身份是渔民。

有“八百里洞庭”之称的洞庭湖是中国第二大淡水湖，洞庭湖一带是鱼米之乡，鱼又多又大。随便下网，捞起来就有鱼，将近一米长的鱼也不稀奇。然而，最近几年，渔民们发现，湖里的鱼越来越少了，鳡鱼和火烧鳊已经很难捕到，曾经常见的鲥鱼更是早已消失不见。湖南省水产研究所的数据显示，洞庭湖鱼类资源在 20 世纪 90 年代末进入严重衰退期，鱼类资源从原来的 117 种下降到 107 种，渔获量也逐年下降。

造成这一情况的原因很多。研究人员认为，水工建筑、高强度捕捞和环境污染是造成洞庭湖鱼类减少的几个主要原因。水工建筑在阻碍鱼类洄游通道的同时，也使得洞庭湖渔业水域大面积减小。湖区渔民的过度捕捞让渔业资源无法可持续发展。环境污染也造成大批鱼类的鱼卵、鱼苗死亡。

对于污染，渔民们亲身经历了洞庭湖污染和治理的全过程。从 20 世纪 90 年代末开始，洞庭湖沿岸的工厂尤其是造纸厂越来越多，湖水开始受到污染。造纸厂的污水排到湖里就会形成一条“黑水带”，和周边湖水的颜色对比异常明显。“黑水带”最宽的地方能有近百米。湖南省开展环洞庭湖流域违法排污造纸企业整治行动，到了 2008 年，洞庭湖局部水域水质由Ⅴ类提升为Ⅲ类。“当年环保治理力度非常大，效果也很明显。”在渔民们看来，至少湖水肉眼可见地清澈起来，“差不多回到 20 世纪 90 年代的样子了”。但鱼并没有变多，这还与过度捕捞有关。

以往，洞庭湖的渔民大多都用“迷魂阵”捕鱼，几十根竹篙连着一张坠有鹅卵石的大网插入湖中，围住一片水域，只留一个入口，鱼一旦游进“阵”内就再难出去。渔民们形容这种方式为“愿者上钩”。渔民们只需花一两天的时间把“迷魂阵”布好，之后就可以“坐收渔翁之利”。“迷魂阵”最初是一种捕捞方式的创新，能够提高捕鱼效率，然而随着渔民人数的增多，“迷魂阵”也越布越多，甚至连成片，这给渔业资源保护带来了极大的困难。为保护渔业资源，湖南省在几年前对洞庭湖区域内的“迷魂阵”进行了全面清理。从那之后，渔民们改用丝网和笼网来捕鱼，“威力”小了很多，“丝网和笼网都很小，大鱼捞不上来，而且丝网只能覆盖到水下两三米。”

不过，在许多渔民看来，即便是“迷魂阵”，在那些非法盗捕者面前，也不过是“小巫见大巫”。非法盗捕者会采用“电鱼”方式，其船上放着电机，三米长的毛竹上缠满电线，通上电，直接把竹竿插到水里，人在后面拉网捞就行了。电鱼者所到之处，大约一半的鱼会被当场电死，翻到水面上来，没死的鱼也会被电成畸形。“以前一条大鱼打上来，肚子里能有 4 斤鱼子，前两年被电过的鱼都没有鱼子，那就绝户了。”事实上，我国从 20 世纪 80 年代开始就已经明令禁止电鱼、炸鱼、毒鱼等破坏渔业资源的行为，但这类行为屡禁不止。普通渔民打半年鱼，也就挣 10 万元左右，电鱼一个多月就能挣 20 万元。

根据禁渔实施方案的规定，禁捕范围包括青海、四川、重庆、湖北、湖南、江苏和上海等 14 个省（自治区、直辖市），涉及退捕合法持证渔船 11 万余艘，渔民约 27. 8 万人。

2020 年 1 月 3 日，岳阳县东洞庭湖水域禁捕退捕办公室副主任何辉向

《新京报》记者介绍，岳阳县已于2019年12月20日零时起实施全面禁捕。渔民身份识别、渔船评估工作已经完成，对上岸渔民的安置计划也在研究讨论中。

何辉坦言，此次退捕涉及上岸转业渔民较多，退捕后的补偿和转业安置给县财政带来了一定负担。中央和湖南省下拨的资金已经到位，平均到每户渔民大约为10万元。但目前，从渔船评估结果看，仅渔民的渔船补偿一项，平均下来每户就将补偿超过7万元，“其他补偿，我们会根据县财政情况尽量给予退捕渔民更多”。

“十年禁渔是为了给子孙后代留下渔业资源，是好事，只是我们这一代渔民有点惨。”“洞庭湖生我、养我，给了我生计，不管挣多挣少，还有一份收入，但是现在我的生计没有了。”这种情况在老一辈渔民中很普遍，他们再就业也很困难。

为了让退捕渔民“退得出”，农业农村部联合国家发展改革委、财政部、人社部等部门成立长江水生生物保护暨长江禁捕工作协调机制，统筹协调落实退捕渔民过渡期生活补助、社会保障、职业技能培训等政策。

与此同时，人社部门将退捕渔民全部按规定纳入相应的社会保险覆盖范围。国家对退捕后暂无生活来源的专业渔民给予过渡期保障；对符合条件的困难退捕渔民，纳入城乡低保救助，对其中特别困难的实行临时生活救助；对贫困渔民和有返贫可能的渔民，对接精准扶贫。农业农村部长江流域渔政监督管理办公室表示，政府不能只考虑让这批渔民退捕，也要关注就业创业帮扶，退捕工作的总体原则是“退得出，稳得住，能小康”。

湖南省对有就业意愿的退捕持证专业渔民转业工作作出了一系列计划安排，包括1次政策宣讲、1次就业指导和3次职业介绍。但是近年来的渔民转业工作效果并不理想，很多转业渔民最终还是回到了洞庭湖。“重返江湖”的比例超过80%。渔民转业难有几个原因：一是渔民习惯了夜晚忙碌，白天休息，相对自由的捕鱼生活，比较难适应每天上班的拘束生活；二是渔民文化程度普遍较低，技术工种无法胜任，普通工种的待遇又远低于捕鱼的收入；三是渔民是一个相对特殊的群体，针对退捕渔民的专项保障政策还有待完善。相关部门也在考虑如何吸引企业参与到退捕渔民转业工作中，如是否可以通过向企业提供岗位津贴的方式吸引企业聘用渔民。

近年来，渔民们也意识到不能再让自己的孩子继续打鱼了，多数“70后”和“80后”渔民都很重视下一代的教育①。

（二）日本政府拟决定将福岛核污水排入海洋

据媒体报道，日本政府拟决定将福岛核污水排放入海。此举不仅引发了日本渔业协会和福岛当地民众的反对，也招致韩国等周边国家的不满。福岛第一核电站2011年因为东日本大地震发生核泄漏事件后，每天都会产生160~170吨污染水。所谓核污水，就是在冷却核反应堆后残留的废水，虽然福岛核电站一直在对相关核污水进行处理，但其中一种名为“氚”的放射性物质难以被去除，也就导致核污水持续堆积。目前，东京电力公司在对含有高浓度辐射物质的污染水进行净化处理后，将水储存在核电站内的水箱中。但预计到2022年夏天，储存核污水的水箱容量将会达到极限。

日本渔业界强烈反对，称核污水入海或将对渔业未来造成毁灭性影响。中国、韩国、朝鲜等国家及民众强烈反对日本将核污水排入海洋。朝中社称，日本政府不顾国际社会强烈反对，决定把福岛核电站事故产生的大量核废水排入大海。这是严重威胁人类健康安全和生态环境的不可容忍的犯罪，是暴露日本的厚颜无耻、强盗本性的又一个例证。一旦日本政府把被称为放射性核废物的核废水排入大海，其含有的大量危害物质就会在几十天内从福岛海岸扩散到太平洋大部分水域，不仅会破坏人类共同财富大海的生态环境，而且会给沿岸地区人民的健康和生存造成严重危害。

海洋是公共资源，不是日本的下水道，若把核污水排入海洋，是“公地悲剧”的现实案例。

（三）家庭联产承包责任制

1978年安徽遭遇大旱灾，凤阳受灾严重，农民成群结队地外流乞讨。为了吃上饭，凤阳县小岗生产队的农民开始想办法。小岗生产队共18户人家，当时小岗生产队的队长严俊昌找到副队长严宏昌、会计严立学，私下商议：“如果‘包产到户’能干好，咱们就豁出去，不然也是饿死！今晚开个会，商量商量这个事。”就这样，1978年11月24日，梨园公社小岗生产队

① 韩沁珂. 长江禁渔十年，洞庭湖“连家船”渔民上岸觅新生［EB/OL］.（2020-01-19）［2021-09-30］. baijiahao.baidu.com/s? id=1656165921248701935&wfr=spider&for=pc.

副队长严宏昌把18户农民召集在一间茅舍里，召开了一次秘密会议，这次会议的直接成果是诞生了一份不到百字的包干保证书。其中最主要的内容有三条：一是分田到户；二是不再伸手向国家要钱要粮；三是如果干部坐牢，社员保证把他们的小孩养活到18岁。1979年10月，小岗村打谷场上一片金黄，经计量，当年粮食总产量远远超过过去任何一年。

人们无法想象，就是这印有21个指印的契约打破了农村改革的坚冰，创造了中国农村改革的新篇章。“家庭联产承包责任制”是改革开放后我国农村主要的生产经营方式，是我国农民的伟大创造。它是指农民以家庭为单位，向集体经济组织承包土地等生产资料和生产任务的农业生产责任制形式。党的十一届三中全会以后，在解放思想、实事求是精神的鼓舞下，我国农民创造了以家庭承包为主要形式的包产到户、包干到户等生产责任制。1980年5月31日，邓小平在一次重要谈话中公开肯定小岗村“大包干”的做法。当时国务院主管农业的副总理万里和改革开放的总设计师邓小平对这一举动表示的支持传达了一个明确的信息：农村改革势在必行。1982年1月1日，中央一号文件明确指出包产到户、包干到户都是社会主义集体经济的生产责任制。此后党中央连续3年都以“一号文件”的形式，对包产到户、包干到户的生产责任制给予充分肯定并在政策上积极引导，最终形成农民家庭承包经营制度。这种制度使农民获得生产和分配的自主权，不仅克服了以往分配中的平均主义、吃大锅饭等弊病，而且纠正了管理过分集中、经营方式过分单一等缺点，极大地调动了农民的积极性，解放和发展了农村生产力。

在实施家庭联产承包责任制之前，我国农业生产以合作社为主要形式。在人民公社，人们集体出工，集体生活，吃大锅饭，生产的效率堪忧。合作社相当于一种公共资源，人们要给公共资源做贡献，叫公共品投资。很明显，在该矩阵中双方陷入了囚徒困境，（搭便车，搭便车）为纳什均衡，在合作社中，经常出工不出力，使得集体产量下降（见图5-3）。

	B：劳作	搭便车
A：劳作	12，12	-2，15
搭便车	15，-2	0，0

图5-3　囚徒困境

土地承包到户以后，相当于把公地变成了私地（集体产权农户承包经营），人们精耕细作，经营好自己的责任田，生产效率得到提升，劳动力的使用也更为灵活。人们会利用自己的剩余劳动力搞副业。家庭的剩余劳动力向城市转移，为城市发展和经济建设贡献力量。

第六节　生态补偿：对长江上游生态屏障区域的生态补偿机制亟待落实

习近平总书记在推动长江经济带发展座谈会上强调："长江是中华民族的母亲河，也是中华民族发展的重要支撑；推动长江经济带发展必须从中华民族长远利益考虑，把修复长江生态环境摆在压倒性位置，共抓大保护、不搞大开发，努力把长江经济带建设成为生态更优美、交通更顺畅、经济更协调、市场更统一、机制更科学的基金经济带，探索出一条生态优先、绿色发展新路子。"生态环境保护的重要性全国上下已形成共识，绿水青山就是金山银山的理念已深入人心。

然而，长江流域生态环境的现实不容乐观。习近平总书记指出，长江经济带生态环境形势依然严峻。流域生态功能退化依然严重，长江"双肾"洞庭湖、鄱阳湖频频干旱见底，接近30%的重要湖库仍处于富营养化状态，长江生物完整性指数到了最差的"无鱼"等级。沿江产业发展惯性较大，污染物排放基数大。长江岸线、港口乱占滥用、占而不用、多占少用、粗放利用的问题仍然突出。流域环境风险隐患突出，长江经济带内30%的环境风险企业位于饮用水源地周边5 000米范围内。干线港口危险化学品年吞吐量达1.7亿吨，超过250种，运输量仍以年均近10%的速度增长。固体危废品跨区域违法倾倒呈多发态势，污染产业向中上游转移风险隐患加剧，等等。

嘉陵江是长江上游重要支流，是四川、重庆的10余座城市的饮用水源，生态屏障战略意义重大。但是，经过30余年开发，嘉陵江上游布局了大量采矿冶炼企业，形成了200余座尾矿库，给沿江生态带来巨大威胁，流域饱受输入型污染之痛，城区及沿江城镇几十万人口饮用水安全频频受到威胁。

2018年12月15日，央视《焦点访谈》栏目报道，遵义市播州区综合行政执法局在 2017 年 6 月至 2018 年 10 月，组织 1 530 车次向城市下水道倾倒共 15 300 吨未经处理的垃圾渗滤液，化学需氧量（COD）和氨氮分别超标 280 倍和 200 倍，这些渗滤液最终进入乌江。乌江是长江上游南岸最大的支流，该部门负责辖区生活垃圾无害化处理和综合利用监督，却有组织地偷排，这是监守自盗。

环境污染是负外部性问题，私人产量超出社会合意产量（见图 5-4），环境污染总是过多，市场又无能为力。

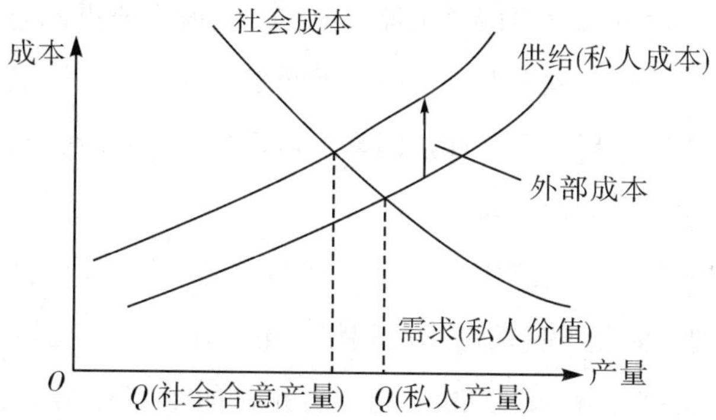

图 5-4　私人产量超出社会合意产量

长江上游生态屏障区域的生态保护面临重重困难。

其一，长江上游生态屏障区域经济发展落后。2018 年，青海、西藏、四川、云南、贵州的人均国内生产总值都排名靠后，低于全国平均水平。这意味着：第一，发展任务在长江上游地区较为紧迫，老百姓要就业、要增加收入，这关系到社会稳定，这些地区更有可能在发展中走粗放式发展、牺牲生态环境的路子。第二，这些地区拿不出多少资金来解决生态环境问题，有心无力。第三，这些地区承接发达地区产业转移，产业污染向长江上游转移。第四，环保意识仍较为落后，很多地方依然存在靠山吃山的传统，乱砍滥伐、采石采矿采煤等较为严重。

其二，长江上游生态屏障区域多属限制开发区或禁止开发区。按照国家主体功能区定位，长江上游生态屏障区域是农产品主产区、重点生态功能区（水源涵养型、水土保持型、防风固沙型、生物多样性维护型），是限制开发区域。一些地方是自然保护区、风景名胜区、国家森林公园、国家地质公园等，是禁止开发区。相关部门要划定生态保护红线、永久基本农田保护红线、城市开发边界、河流绿化控制带，加强空间管控。长江上游区域限制开发、禁止开发区占比高，青海 90% 的面积为禁止或限制开发区域，这对产业布局、城市布局以及开发成本是有影响的。这些区域发展原本落后，各种生态管控多少会限制其发展，生态保护和发展需要的矛盾是客观存在的。

其三，关停或技改流域污染企业困难较大。在发展早期阶段，选择沿江沿河进行产业布局是符合经济学基本规律的，一是降低物流成本，水运成本最低；二是降低工业用水和排污成本。现在对生态环境保护提高了要求，而这些产业尾大不掉，要关停或技改的困难是客观存在的。第一，这些企业是地方纳税大户，地方政府不情愿关停。第二，技改需要投入大量资金，企业面临资金困难，且技改成本上升可能导致企业陷入亏损。第三，关停需要妥善安置职工，否则容易滋生不稳定因素。对这类污染企业，地方保护主义肯定存在，积极性、主动性不够。

国家应加大对长江上游生态屏障区域的生态补偿。习近平总书记指出，“有的环境治理和修复项目推进进度偏慢、办法不多，甚至以缺少资金、治理难度大等理由拖延搪塞”“市场化、多元化的生态补偿机制建设进展缓慢”“中央专项安排长江经济带生态环境保护的资金规模不大，有关部门涉及长江经济带生态环境保护资金安排的统筹程度不强、整体效率不高。地方投资力度和积极性欠缺，政策性金融和开发性金融机构的支持力度不够”。鉴于生态保护和修复宜早不宜迟，以后治理比现在治理成本更高，有的破坏甚至是不可逆的，国家应加大对长江上游生态屏障区域的生态补偿，边补偿边研究。长江母亲会越拖越病，久病更难愈。

国家应充分考虑长江上游生态屏障区域的实际困难。长江上游生态屏障地区多为欠发达地区和贫困地区，地方财力不足，生态保护多有心无力。相对落后地区各自完成长江流域生态环境保护修复是不现实的。

国家应从速部署研究长江流域横向生态补偿机制。早在 2005 年，国家“十一五”规划就提出了“谁开发谁保护、谁受益谁补偿”的原则。2016 年 5 月，国务院办公厅印发了《关于健全生态保护补偿机制的意见》，提出到 2020 年，实现生态保护补偿全覆盖，补偿水平与经济社会发展状况相适应。国家应建议借鉴发达国家成功生态治理补偿经验，建立跨省域的长江下游地区对上游地区的横向补偿机制。国家应建立跨区域交界断面水质监测标准，确定省际横向补偿初步标准，在实践中不断调整修正。

国家应加大中央财政对长江上游生态屏障区域的生态补偿。《中华人民共和国水污染防治法》第八条明确指出："国家通过财政转移支付等方式，建立健全对位于饮用水水源保护区区域和江河、湖泊、水库上游地区的水环境生态保护补偿机制。"《中华人民共和国草原法》《中华人民共和国防沙治沙法》也有关于生态补偿的规定。2018 年，中央财政资金拿出 50 亿元进行长江生态补偿，这个资金数额较低，可谓是杯水车薪。国家应建立长江流域生态保护基金，中央财政先期出资，研究基金的可持续筹资渠道，以项目为导向，直接用于长江上游生态屏障区域的生态保护、修复专项。

治理环境污染是正外部性行为，私人产量低于社会合意产量（见图 5-5），因此需要政府补贴正外部性行为。若把政府补贴也视为正外部性行为，则政府补贴也常常不足，需要民间环境保护组织的保护行为和个人的环境保护行为。

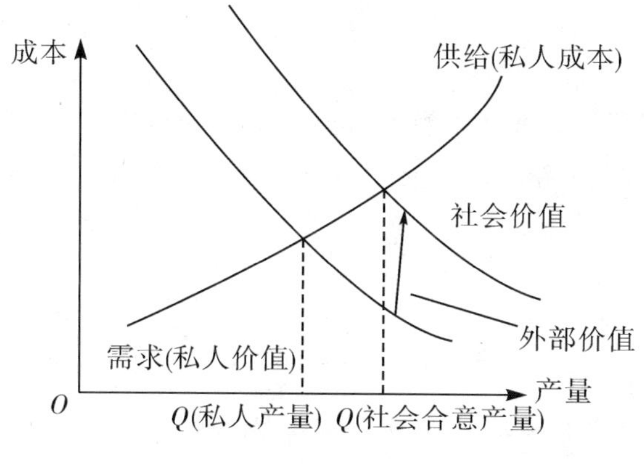

图 5-5 私人产量低于社会合意产量

国家应加强对长江上游生态屏障区域的民间和社会生态补偿。党的十九大提出："建立市场化、多元化生态补偿机制。"习近平总书记指出，保护长江流域生态环境，"企业和社会资本参与度不高"。国家要宣传、引导国际组织、国内组织和个人对长江上游生态屏障区域提供物质捐赠与援助。一是加强社会捐助，包括直接资金援助和修复技术援助等，争取国际组织对长江流域生态项目的援助，争取企业捐赠；广泛动员个人、民间组织参与长江流域生态补偿。二是发行长江生态保护彩票，筹集社会资金用于长江生态保护项目。

绿水青山就是金山银山

党的十九大报告明确指出："必须树立和践行绿水青山就是金山银山的理念，坚持节约资源和保护环境的基本国策，像对待生命一样对待生态环境，统筹山水林田湖草系统治理，实行最严格的生态环境保护制度，形成绿色发展方式和生活方式，坚定走生产发展、生活富裕、生态良好的文明发展道路，建设美丽中国。"党的十九大报告特别强调："特别是要坚决打好防范化解重大风险、精准脱贫、污染防治的攻坚战，使全面建成小康社会得到人民认可、经得起历史检验。"

第七节　逆向选择：效率工资理论

劳动力市场面临信息不对称，存在逆向选择行为。若公司受困于糟糕的财务状况，降低公司的薪酬水平，结果可能是雪上加霜，因为降低薪酬水平，可能导致优秀员工的流失。相反，根据逆向选择思想，公司提高薪酬水平可能更有利。

效率工资理论认为，高工资使员工的生产率更高，对此主要有以下几种解释：第一种解释是逆向选择，高工资会吸引更多更优秀的员工加入，这些优秀的员工可以带来更高的生产力。第二种解释是对于发展中国家来说，较高的工资可以为员工及其家庭成员提供更好的生活保障，员工及其家庭成员吃得更有营养，身体更健康，这会影响生产力。第三种解释是高工资可以降低员工的流失率，这可以减少雇佣、培训等方面的花费。降低员工流失率有利于经验的积累和提升员工的归属感。第四种解释是高工资有助于提高员工的努力程度，减少道德风险发生的可能性。如果员工偷懒被解雇的话，员工得不偿失。

1914 年，福特汽车公司开始对员工支付每天 5 美元的工资，几乎是当时通行的工资水平的一倍，也就是说远高于均衡工资水平。求职者在福特汽车公司门外排起了长队，希望进入福特汽车公司效力。

亨利 · 福特后来写道："我们想支付这些工资，以便企业有一个持久的基础，我们在为未来而建设。低工资的企业总是不稳固的，为每天 8 小时支付 5 美元是我们所作出的最好的降低成本的行动之一。”

高工资提高了工人的生产率，根据当时的一份工程报告，福特汽车公司的高工资减少了员工的惰性和生活中的阻力，员工绝对服从。从 1914 年开始，福特汽车公司的劳动成本每天都在大幅下降，缺勤减少了 75%，这表明工人的努力程度大大提高了。高工资政策被证明是好的经营手段，这项政策既提高了工人的纪律性，又提高了工人的忠诚度。员工保持忠诚的同时也提高了其个人效率。

华为公司的薪酬水平高于国内均衡工资水平，华为公司员工的平均收入接近美国顶尖信息技术公司，比如谷歌公司员工的平均收入，可见其工资水平确实比很多外企都要强很多。在华为公司工作年限越久性价比越高。华为公司最低级的主管年收入在 150 万元左右，二级主管年收入 500 万～1 200 万元，一级主管年收入在 1 500 万元以上；副总裁年收入在 2 000 万元以上。华为公司一年发放的工资和奖金、股票分红达到 700 亿元以上①。

华为公司不养闲人、散人、懒人，华为公司的加班文化是行内公认的，在华为公司上过班的人都默认接受加班文化。华为公司以高收入作为鼓励员工的动力。华为公司的薪酬主要包括工资、奖金和分红三个部分；若外派国外，还有外派补助和艰苦补助。华为公司的这种高薪政策及配股政策让员工极具主人翁意识，在公司大发展时，一起享受公司发展带来的红利；在公司困难时，能迎难而上与公司同舟共济。由于年龄和体力原因，员工“换血”也很正常，对于仍然保有战斗激情的优秀员工，华为公司还是鼓励长留②。

第八节 道德风险：免赔额

免赔额指的是保险公司不承担赔付责任的一个额度。比如某医疗险产品有 1 万元的免赔额，看病只花了 9 000 元，那么保险公司是不予报销的，超过了 1 万元才能理赔。

---

① 搜狐网. 都说华为工资高，究竟华为的员工一年都能赚多少钱？[EB/OL].（2018-08-06）[2021-09-30]. sohu.com/a/245407533_613239.

② 搜狐网. 华为员工工资到底有多高？员工：工资确实高，都是加班加出来的 [EB/OL].（2017-11-23）[2021-09-30]. sohu.com/a/206085185_100058827.

免赔额又分为两种:一种是绝对免赔额,另一种是相对免赔额。绝对免赔额就是免赔额之内的费用保险公司是不负责承担的,只有超过免赔额的费用才赔付。例如,某医疗险产品免赔额是 1 万元,总共花费了 1.5 万元,保险公司只负责赔付 1.5 万元减去 1 万元,也就是 5 000 元的费用。相对免赔额是指免赔额之内的费用保险公司是不负责承担的,但如果产生损失的费用超过了免赔额,保险公司负责全部的费用。例如,免赔额是 1 万元,总共花费了 1.5 万元,如果合同约定是相对免赔额,保险公司负责承担全部的 1.5 万元费用。相对免赔额更多出现在财产保险中,大部分的医疗险和意外险中的意外医疗部分,都是绝对免赔额。

这种 1 万元免赔额的医疗险,确有可能因为门槛略高,导致我们的实际医疗花费不能进行理赔。但是,任何一款保险产品都是经过精算的,各种条款的权利和义务是对等的,要享受免赔额更低,意味着保险费会更高。

免赔额的经济学意义是防止道德风险,因为自己要承担一部分,所以激励投保人切实防止险情发生。医疗险的免赔额激励大家爱护身体,避免出现健康问题。一些财产保险的相对免赔额更为明显,旨在约束投保人防范财产安全事故。